U0003629

# 大家好、
# 我是Naho

—— 來自日本插畫家的台北發現 ——

Naho Ogawa 小川奈穗 著

出色創意、賴庭筠、張秀慧 譯

木馬文化

# CONTENTS

# 準備發現

queen of
the research

# 大家好，
# 我是 Naho ！

大家好。我是插畫家 OGAWA NAHO。出生於東京，學生時期在紐約藝術大學學插畫。回國後以東京為出發點，從事與書籍、雜誌、服飾、紡織品、文具、店面設計等相關工作。從數年前開始，也接到不少來自台灣的工作，也因此有許多機會拜訪台北。

通常都是在家裡工作，每天都是截稿日，但很慶幸的是能夠自己決定休假，安排旅遊的行程。拜網路所賜，不管到哪一個地方都能工作，所以經常帶著紙筆，筆記型電腦在旅遊地工作。遠離繁忙的每一天，在從未去過的街道

Magazines

ANNA SUI
Tee shirts

Children's
BOOK

products

JAPAN

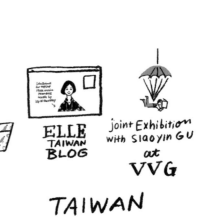

ELLE
TAIWAN
BLOG

joint Exhibition
with siaoyin GU
at
VVG

TAIWAN

上漫步，去逛逛美術館和書店，在咖啡廳喝
著咖啡盯著插畫本，突然腦海閃過一個想法，
而這個想法與寫這本書有關。香港友人稱它
為「靈感之旅」，我也跟著他這麼叫。

每當到台北旅行時，總會有些意想不到的發
現。在這城市，我遇見了流露真性情的人們、
以及令人喜極而泣的美食或懷舊的復古風物
品，進而交織成一股新潮流。比起在東京的
生活，這裡彷彿讓人忘記了時間的流逝。讓
我以外國人的角度視點，把在台北街頭所感
受到的靈感，描繪敘述於這本書裡面吧！

# TAIWAN & me

## ― 台灣與我 ―

由於父親的工作關係，我從小就有跟台灣人認識的
機會。而且，家裡時常有茶葉或烏魚子等父親出差
台灣時帶回來的伴手禮（雖然當時年幼的我哪樣都
沒興趣……）。

HUGE
紅燒魚翅
for each
one of us!

年幼時，在東京初次招待我們品嘗魚翅及海參的都
是父親的台灣友人，所以在我詳細了解台灣是什麼
樣的地方之前，其實我早就已經感受過台灣人的溫
暖熱情了（可惜的是，之後我都未曾再造訪能品嘗
那樣如此美味的燉魚翅機會）。

Welcome
Naho

New York

MR. Show

而且，我 16 歲初次到紐約時多方照顧我的
也是父親在美國的友人，及寄宿家庭也是
父親友人的親戚。還記得當時從台灣來，
剛好也在留學中的親戚姐姐，帶著連英文
都說不好的我去曼哈頓旅行。托她的福，
我深深愛上了紐約這城市，更下定決心要
到美國學美術。然而，至今我都還印象深
刻，當時馬上接納因緣際會來到異鄉生活
並照顧我的台灣家庭，他們的溫柔及包容。

The Metropolitan
Museum of Art

有名的
翠玉白菜
超乎想的小

第一次拜訪台灣是在 2007 年，就這樣我從寒冷的東京來到溫暖的台北。對故宮翠玉白菜的精細雕工印象深刻之外，我還去品嘗了鼎泰豐小籠包、芒果冰、及每日足療等，體驗了所有觀光行程。回東京之後仍念念不忘台北。

2011 年時，決定再度造訪台北，卻在出發前 3 天遇上了東日本大地震。加上餘震不斷，自己也無法接受在國家面臨危機時還出國旅行的心情而不得不選擇延期。從新聞得知台灣對日本賑災寄予大量金援的我，內心真的除了感謝還是感謝。因此，我下定決心在不久的將來一定要出走一趟感謝台灣之旅。

終於在那年初夏，我的願望實現了。在台北，無論是計程車司機，或是無意間踏進的店家店員也都在知道我是日本人後，眼睛泛著淚光，彷彿是自己事情似的詢問我「辛苦了！」「還好嗎？」，讓我不管到哪裡都感動得快掉下眼淚了。

乾杯！

台北給我一種不斷藉由挑戰新事物，樣貌不斷進化的感覺。而我深受優美與懷舊交織而成的模樣所吸引，更為了從中獲取更多的靈感，最近更是經常造訪，並且讓我有幸來創作此書。再次回顧與台灣之間的連繫，真覺得實在太有緣份了。因此，今後也請各位多多指教囉！

# Plan Well
## ─ 周詳的計畫 ─

由於我是重視細節的 A 型性格，所以在決定好行程後會徹底的事先進行情報蒐集的人。首先關於班機的部分，也會為了盡可能延長滯留在當地的時間而確認抵達當地及當地的出發時間（早去晚回）。然後，因為我最近在努力累積里程數，所以經常會搭乘同一間航空公司。

queen of the research

## Best flight Schedule

ARRIVAL TIME
AM

&

DEPARTURE TIME
PM

## flight 班機查詢

Eva Air 有凱蒂貓飛機。不管是機體還是座位，連飛機餐點全都看得到凱蒂貓。抵達前就能感受到愉快的氣氛！ Peach 則有羽田－桃園的航班，凌晨從羽田機場出發，深夜從桃園出發，停留時間是最長的。如果是 LCC 的話，則依據時期的不同會推出超低票價。日系航空公司每天都會有不少的航班，相當的方便。座位也很寬敞，服務也很貼心。

# Prep 尋找想拜訪的景點

可以從雜誌的台灣特輯、旅遊書、部落格等，事先找一下想要拜訪的景點。台灣的店家大多有臉書，對於資訊的蒐集很有幫助。因為還會介紹其他類似的店家，所以說不定還會發現其他新店家。將事先查好的地點存在 google map，到了當地就能知道所在的位置，十分的方便。Google 的我的地圖能將資料分門別類的儲存，同樣也很方便。

# accommodation 住宿

於住宿部分，我也會利用 Hotels.com, Agoda.com,Booking.com 等飯店訂房網站進行搜尋，但想要找比較別有一番風味的住宿時，我會使用 airbnb.com。網站裡面不僅可以租借當地人家的其中一個房間，也有介紹不同風格的小格局房間。而且無論哪一個房間都強烈表現出屋主的興趣，覺得挺有個性。屋主的大頭照也是亮點之一唷！

在台灣似乎有 dearbnb.com 是專為女性所設的網站。（雖然全部都是中文，對我來說可能稍有難度，但我都會借助 google 的翻譯網站進行閱覽，發現也能找到其他網站上沒有的房間耶！）

# What to Bring
## In suitcase
— 充實的行李 —

去程時的行李箱，有一半都是裝要送給友人或客戶的伴手禮，而自己的私人物品卻裝不到一半。回程時則是塞滿要送給日本友人的伴手禮。

我家的小狗帕姆在包裝時一定走進而入

折疊傘

太陽很大, 一定要防曬

防曬　帽子　太陽眼鏡

ReFa
吃太多臉變圓時可以派上用場的按摩器

圍巾

衣物建議以MUJI收納商品整理
化粧品等

makeup pouch

羊毛衫:
由於室內空調很強,建議帶外套式羊毛衫

單肩包&&購物袋

鞋子

濕紙巾:
方便遍嘗美食!

迷你衣架與洗衣用品

衣物建議以MUJI收納商品整理
化粧品等

洗衣袋

Bring
事先規劃穿搭

carry on
# Big BAG

Rollup G

nadowa
相機專用包

攝影師友人所設計
的相機專用包
裡面附有內袋，
攜帶電腦也很放心
nadowa.com

Fragile
Omiyage

透明夾鏈袋

# Small BAG

護照

相機

錢包
考慮到被偷的可能性，
改攜帶薔錢包

悠遊卡

備用電源
要注意
此項是禁止
攜帶物品

免用SIM卡
攜帶式
無線上網分享器

素描本與筆

紙膠帶：
便於將店家名
片貼在
筆　方便
機內填寫
入境表單

# 工作用品

紙·筆與鉛筆

MACBOOK AIR

一指通對話籤

Ipad
攜帶文件用

攜帶繪圖板

Scansnap
攜帶掃描器

附有加濕
濾網的
保濕口罩

眼罩、保濕口罩

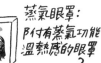
蒸氣眼罩：
附有蒸氣功能
溫熱感的眼罩
蒸気でアイマスク

40℃

# OMIYAGE *from* **Japan**

## ― 從日本帶來的伴手禮 ―

我都是盡量挑選小巧且放在行李箱也不易壓壞的物品當作伴手禮。加上台灣很容易買到日本商品，所以每次都要絞盡腦汁，但最近深受大家喜愛的伴手禮是以下這些：

**加賀麩金沢**

# 不室屋
## KAGAFU FUMUROYA

宝の麸夫
烤麦夫汁
Takara no Fu
¥184〜

# 然花抄院
## ZEN KASHOIN

● 京都 然花抄院的室町傍瑠餅乾。
雖然體積大、容易壓壞是件很令人苦惱的事情，但擁有高度的評價。

室町傍王留
**Muromachi bolu**

● 加賀麩不室屋 烤麩速食湯
將熱水沖泡在包有花朵、蔥花等料的餅盒上後，即能變成美味速食湯的一種食品。

1 將高湯粉放入　2 把外殼壓底皮　3 倒入熟水　4 完成

黄金色カステラ ラスク
**Castella Rusk**
黄金卡斯特拉斯克

# MARKS & WEB

**HERBAL RELAX LOTION**

**MOISTURE Herbal Mask**

**HANDMADE BOTANICAL SOAP**

畳畳
**JOJO**
¥200

まっちゃ 抹茶
いちご 草莓
ばなな 香蕉

## Maison romi-unie

● MARK&WEB 香皂
這是一塊香味典雅的高級香皂。
連包裝也都很可愛唷！

# My Products

**Sirop**

**jam**

**cookie box**

**TENUGUI**
てぬぐい

**postcards**

● 五十嵐 Romi 女士所設果醬及燒菓子的店
除了味道讓人無話可說之外，連包裝也都很可愛唷！

還有其他像是小型的文具用品、調味料、茶葉等伴手禮，以及我個人的雜貨或手帕等物。

NOTE

# 01

# 散步發現

好玩的人｜有趣的食事｜特別的見聞

やさしい心の台湾の人たち ——

# 台灣人真好心

GOOD-HEARTED people

我在捷運上發現台灣人都會禮讓座位給年長者、孕婦、帶著小孩的媽媽，而且大家都盡可能不去坐博愛座，所以都是空位居多。最近在日本禮讓座位的人慢慢減少，或是假裝睡覺，或是玩手機，所以在台北看到大家理所當然般的讓位表現，備受感動！（我回國後也變得比之前更會禮讓座位了）

我覺得台灣人有種令人難以置信的親切。老實說，一直以來我都覺得在國外碰到對我很親切的人 100% 肯定是壞人，所以一開始沒辦法真心接受台灣人的親切。

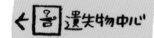

← 遺失物中心

台北車站的失物招領中心

我忘在計程車的 iphone 竟然失而復得！

有一天我在散步途中走進一間蔬果店要買荔枝和芒果時，正因店家盛裝的量實在太多而不知道當下該怎麼辦。剛好店內有一位會說日文的歐巴桑主動幫我跟店家溝通數量及價格（她甚至還教我如何挑選芒果！）

十協助我買水果的阿姨 痣的毛是幸運的象徵？

又有一天，我要去店取在網路上購買的燒菓子時，因為大樓門鈴故障，完全沒有人回應，即使上網查詢聯絡方式也找不到電話號碼，對方也遲遲沒有回覆 e-mail。就這樣我在門口前等了 30 分鐘。後來向隔壁在麵店排隊的年輕情侶求助後，他們迅速幫我找到了連絡電話，我才終於順利拿到燒菓子。一直很想好好感謝當天那對情侶，但是卻沒有問到他們的名字。我真的非常感謝你們的幫忙！

這是朋友有一次在超市門口等待開店時的經驗談。那天有一位台灣歐巴桑跟他說：「這間店的東西價格太高了！我帶你去一間我知道比較便宜的店家吧！」他一路上還再擔心會不會被帶到哪裡，最後真的到了一間價格比較便宜的當地超市。據說歐巴桑還遞給友人一張寫著自己名字及聯絡方式的紙條，還告訴他：「我會幫你介紹、導覽，所以下次再來台北時要跟我聯絡！我超級愛日本！」

另外一位友人也說起，某天他單手拿著地圖站在街上時，旁邊的歐巴桑帶他去目的地的經驗。容易杞人憂天的友人還再擔心會不會被要求付錢時，歐巴桑似乎感覺到他的不放心，所以只說了：「那麼再見囉！」就迅速離開了。據說友人還因此深深反省自己，不僅沒有真誠接受別人的善意，甚至起疑心，為此消極了一陣子。

來台北遊玩的日本人們，至少一次接觸過台灣人的親切度後都會懷抱著心存感激的心情回國。同時也會對自己沒有真誠地接受其親切感，甚至一開始就抱持著懷疑的態度深感抱歉。

台北の学生さんたち ━━━━━

# 學生

在路上閒晃時剛好遇到下課時間，所以有許多小學生從學校裡面出來。我對那些小學生的制服居然是條紋的襯衫感到有趣。日本隨處可見學校前面有歷史悠久的文具店及柑仔店，沒想到台北也一樣耶！然而，我訝異的是擺在店門口的雞蛋，那些應該是水煮蛋吧？他們也有賣條紋的制服呢！

有賣色彩的制服
↓

← 好學生
化妝Check!

文具店

甚至有賣
雞蛋
（水煮蛋？）
↓

學校前有文具店

國高中生的打扮很樸素。我發現男高中生齊瀏
海的機率很高，真想知道這是不是一種流行？

高中生齊瀏海的
比例很高

子供にやさしいレストラン ───

# 親子餐廳

我常在餐廳看見店員在逗鬧小孩
開心玩樂的情景。這樣我想連平
常忙於照顧小孩的媽媽們也能放
心的好好用餐，不是嗎！？我感
覺以前的日本好像也是這樣，但
現在卻是帶著小孩的媽媽要外出
用餐時不僅地方有限，還會發生
沒事先訂位的話就無法入內用餐
的問題。

市民農園 ——

# 市民農園

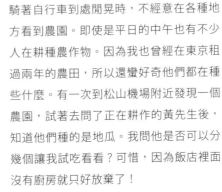

騎著自行車到處閒晃時，不經意在各種地方看到農園。即使是平日的中午也有不少人在耕種農作物。因為我也曾經在東京租過兩年的農田，所以還蠻好奇他們都在種些什麼。有一次到松山機場附近發現一個農園，試著去問了正在耕作的黃先生後，知道他們種的是地瓜。我問他是否可以分幾個讓我試吃看看？可惜，因為飯店裡面沒有廚房就只好放棄了！

台北人は写真がお好き？

# 台北人愛自拍

不管是捷運、美術館或是咖啡廳，隨處可見許多在玩自拍的人。我開始觀察這些玩自拍的人，發現台北還蠻多長得很可愛的人呢！尤其是年輕女孩，清楚知道如何讓自己拍起來更漂亮的角度。然後露出令人融化的微笑，讓朋友或男朋友幫忙拍照。

時尚的情侶也是

在捷運上都要自拍♥

用自拍棒

女學生也是

在店裡享用甜點時♥

與食物自拍

請朋友、男友拍照後一定要確認 Check!

一直重拍到本人覺得OK為止 One More Time!

我很想知道如何拍照才會看起來很可愛

台北の乗り物― TAXI&UBER ―

# 有趣的運將

我覺得台北的計程車,不管是車體還是司機都非常性格,挺有趣的。雖然台灣友人跟我說盡可能的要選新車,但其實車子不開近點也不好判斷。幸運的是我目前還未失算過。

執業登記證

以中華民國年分標示的有效期限駕得很大

臺北市
OX
A12
有效...

臺北市
林OX
A00543
有效期限:
107年3月1日

有時候一台車會貼兩個人的有可能不是本人開嗎?!

這位司機跟我聊了政治等很多話題,甚至還向我介紹了他赴美的家人途中才發現忘了按錶

這位司機載我從機場到市區他十分友善

有一次我搭到一台計程車,司機是金髮且穿戴很多耳環,車墊看起來十分破舊,當時心情忐忑不安,後來發現那司機其實是一位非常溫柔的人。這就是所謂的人不可貌像吧!

染金髮、舊鬍、戴耳環的小哥看起來很恐怖,所以我很緊張,但他是個好人

副駕駛座以牛皮膠帶修補的老舊計程車

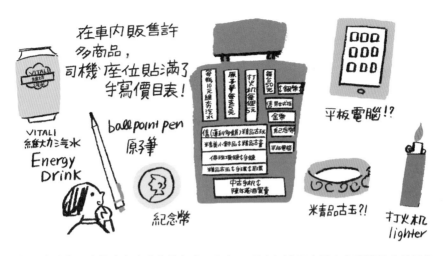

我還搭過座位背面寫得密密麻麻的計程車，仔細一看才知道原來是車內販賣的商品目錄，從筆到衛生紙等各式各樣的商品都有在賣！

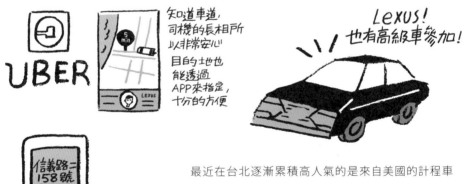

最近在台北逐漸累積高人氣的是來自美國的計程車叫車服務 APP － UBER。因為要成為 UBER 的司機，必須要通過嚴格的審核，所以聽說服務品質評價極好。有一次朋友搭乘 UBER 時，他的反應是，沒想到連濕紙巾及礦泉水都有！然後，自從美國以後，這次久違的搭乘 UBER 依然覺得很方便！而且可在 APP 上閱覽司機的長相以及評價也是一個極便利的功能。

台北の犬たち ―――――

# 可愛的狗狗

蝴蝶結小狗

WOF WOF

因為我也有養狗，所以總會不自覺的注意在台北街道上看見的狗。我發現有的人是把狗放在包包裡，或是放在摩托車腳踏墊或是自行車上，感覺台北的狗兒們都還蠻活潑的。有一次無意間發現了寵物街，於是我完完全全的被那些可愛的喵星人、汪星人給吸引了。不是有句話說，寵物會慢慢的跟主人長的越來越像，莫非台北也是這樣嗎？

比手畫腳後發現牠九歲了

遇見和我家小狗一樣的剛毛獵狐㹴！

很多小狗看不出來是流浪狗還是家狗

和兩位阿姨一起乘涼的小狗

因為是夏天嗎？很多小狗都剃了毛！

www.doghome.org.tw

我還看見了愛言蒦小狗的團骨豊

小狗也感覺很熱

熱！

載著全家人的
摩托車
當然包括小狗

還有人用
後背包裝小狗
（讓小狗露出頭來）

時尚編輯
GREG
與他的愛犬
MORRIS

小狗也經常
坐在腳踏車上

男孩與尾巴下垂的小狗
（我很可怕嗎？！）

拍下愛犬的照片

在攤販遇
見乖巧的
雪納瑞

愛貓園

寵物街
寵物街店裡的
小狗小貓太小了
令人擔心

寵物街｜台北市基隆路二段和臨江街附近

台湾の食事あれこれ ━━━

# 原來是這樣吃

日本…

日本…用小盤盛裝出
自己要吃的份量,
不會直接把菜
放在飯上面。

## 吃飯大不同

到餐廳吃飯時,可以看到餐桌會擺放小餐盤和小碗。如果是日本人的話,這兩個餐具是會分開使用的,小盤是用來擺放拿取的菜餚,而碗則是用來裝湯的,但台灣卻好像是把骨頭魚刺等食物殘渣放在小餐盤上面。而我大部分的台灣友人從餐盤夾了菜之後,會直接放在自己的飯上面,這應該是文化上的差異吧。而且吃麵的時候也不會發出聲音。

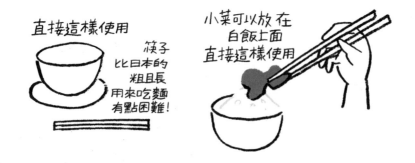

直接這樣使用

筷子
比日本的
粗且長
用來吃麵
有點困難!

小菜可以放在
白飯上面
直接這樣使用

## 想要喝湯

跟台灣友人吃飯他們一定會點湯。據他說，每餐一定要喝湯。就跟日本的味噌湯一樣吧。在餐廳吃飯，大多會叫合菜然後大家一起分享，所以看到端出一大碗湯時讓我嚇了一大跳。有些湯放了很多的食材，但也有一些屬於清湯的，味道相當的清淡，帶著些許芹菜的香氣，真的相當美味。

在路邊攤發現有一種稱為「下水湯」的湯。下水（下水道）的湯?! 聽起來就沒什麼好印象，不過其實這在台灣是指內臟類的湯品，可以放心品嘗喔！

## 松阪牛和松阪豬

這是在烹飪教室發生的事。在食譜上看到了「松阪豬」這個從未見過的材料，不是松阪「牛」，而是「豬」。以為這是跟松阪牛一樣高級的豬肉，但似乎只是某個部位的名稱，（難道只有我懷疑豬怎麼會有脖子嗎？）在日本相當於豬頸肉。只要稍加留意，可以在餐廳的菜單上看到。

コンビニの飲み物

# 便利商店的飲料

台湾啤酒
芒果與
鳳梨啤酒
感覺像果汁一樣，
很好入喉！

高纖
吃太多外食時
要讓腸胃
休息一下
纖維多多的果汁

草本觀
挑戰喝
木耳果汁
幾乎沒有味道

Family Mart
Collection
全家才有的
草莓奶茶
日本沒有
荔枝烏龍茶

仙草蜜茶
好喝到
令人上癮

CONVENIENCE STORE
DR.INK

鮮度に
こだわった
生啤酒
只要看到這
個就忍不住
會買

美容類！
為美容而
嘗試了一下
薏仁水與
紅豆水
溫和的
甜味

蘆筍汁

真的有蘆筍的香氣！
味道和玉米很像

寒天檸檬
寒天檸檬果汁
舌甜味清爽，
我經常購買

豆漿
豆漿的種類
十分豐富、
令人開心
忍不住每一種
都試試看

維士比
威士忌啤酒
威士忌啤酒
想要喝醉的
人專用？

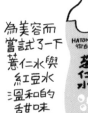

台湾のお酒事情
# 喝酒請勿過量

乾杯！

（乾杯一如字面上的意思，
一定要喝完，我好驚訝！）

導覽書上都會有「台灣人不太會在用餐當中喝酒，所以請勿飲酒過量」的說明，所以我的印象就是，台灣人比較不愛喝酒。台灣人若是要喝酒，似乎都是飯後再另外到酒吧的樣子；但是在日本都是喝酒配飯（大多時候都是吃飯前先來一杯啤酒）。

有時午餐在吃滷肉飯的時候，突然會想要喝啤酒，向店員詢問有沒有販賣啤酒後，他指了指隔壁的超商，於是我拿著錢包快步跑過去買。買回來之後，當我打開啤酒罐的瞬間，其他客人全都回過頭看著我。其中也有滿臉失望嘟嘟嚷嚷說「齁，中午就開始喝酒了」的老婆婆。突然覺得自己好像做錯了什麼事。

自製烏龍燒酒

在便利
商店貝購買的
迷你燒酒

烏龍茶

多數台北當地的餐廳都只有啤酒或是紹興酒，所以當時我一位愛喝酒卻不會喝啤酒的友人似乎不是很能接受。最後，她就把台灣燒酎倒進在便利商店買的烏龍茶內，調成自製的烏龍調酒。（在日本有所謂用烏龍茶稀釋燒酎的烏龍調酒。因為喝起來不會過甜，所以適合用餐時飲用！）

新鮮なフルーツ ————

# Fresh Juice Stand

當場使用新鮮水果製作飲料的店家在台北非常多，
真令人高興。飲料專門店也很多，在街上的水果
店角落一定會有鮮榨果汁區域。

只要看見水果店就
會忍不住走進去

## 大安水果店

走在路上時發現的水果店。點了木瓜牛
奶之後，店家的阿姨還一邊對我微笑，
一邊幫我製作飲料。

木瓜牛奶

↑ 也有販售水果切片

台北市大安路一段 161 號

和招牌人物長
得一模一樣的
小哥

選擇太多了，令人猶豫不決

西瓜汁

## 芭迪小鋪

一間位於迪化街的飲料店。原
創的吉祥物看起來有趣。雖然
是小店家，但菜色豐富。我點
了西瓜汁。

台北市大同區迪化街一段 16 號

## 陳三鼎

在台灣大學附近的人氣飲料店。「青蛙下蛋」是招牌商品（乍聽感覺可怕），可是我點的黑糖口味搭配 QQ 的口感真是絕配！

台北市中正區羅斯福路三段 316 巷 8 弄口

## 迪化街金桔檸檬

我點了飲料店推車上像山堆一樣的檸檬、橘子和金桔之後，店員當場現拿現榨。超推薦綜合果汁。

台北市迪化街一段 166 號

## 泉發蜂蜜行

忠孝東路三段 196 號設在蜂蜜專門店的飲料店。蜂蜜、水果醋、新鮮水果打的綜合果汁都很好喝。因為種類豐富，所以每次點飲料時都會不禁猶豫。我這次點了鳳梨及蜂蜜。

台北市大安區忠孝東路三段 196 號
http://www.cfhoney.com

朝市&夜市

# 我愛早市和夜市

比起超市，我更喜歡去當地人聚集的菜市場或早市。因為可以知道菜市場都在賣些什麼、當地人都買些什麼，再想像他們的生活，是一件很有趣的事情。加上還可以欣賞每個攤子特有的銷售手法，也是另一件有趣的事情。之前雖然有跟 Ivy 老師一起去過，不過後來我也會自己去逛了。

百香果　木瓜

雙連姊妹
同時享受
陽光與足部
保養
←

早市
雙連早市

買了好多呀
→

太新鮮了，由假子還跳跳出來！
（叔叔一點兒也不在意）

全身都是粉紅色

性感短褲

雙連早市｜台北市民生西路 45 巷（雙連站旁邊）

欣賞阿姨們充滿個性的裝扮也很有趣

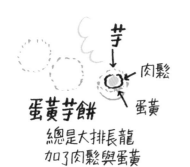

蛋黃芋餅
總是大排長龍
加了肉鬆與蛋黃

生海鮮放置在常溫下令人擔心
沒有人會吃壞肚子嗎

夜市除了可以嘗到特有的當地美食之外，也可以看到一些在
路邊攤玩得不亦樂乎的小孩。寧夏夜市不僅地段好，規模大
小適中，所以很適合稍微想來逛逛的時刻！

我一定會吃愛玉

野生田愛玉

夜市
寧夏夜市

賴記雞蛋蚵仔煎
感覺像是加了牡蠣的蛋包
（牡蠣比日本的小）

Li-han
Lin

帶我逛夜市的
台灣朋友
他原本是攝影師，
很愛享用美食
現在在台中當廚師
cellierlesdespoets.com

小朋友們會
玩到很晚

寧夏夜市 | 台北市大同區寧夏路

喉糖也非常濃郁，
應該很有效

慶餘堂參藥號 ————

# 在台北吃中藥

喉嚨又痛又癢
發不出聲音了，
怎麼辦？

有一次剛好在冬天的時候來到台灣，那個時候喉嚨相當不舒
服。而且因為沒有帶隨身用藥所以非常難過，那個時候台灣
朋友推薦我這家販賣的，對舒緩喉嚨不適很有效的中藥。買
了稱為枇杷膏的枇杷糖漿以及喉糖。1、2大匙的枇杷膏以1
大杯熱水來沖泡，並且要趁熱喝。甜甜的中藥味似曾相識，它可以舒緩喉嚨的疼痛，就連
當地人看到這款中藥也都說十分懷念。聽說從事聲音相關工作的人很喜歡用它來保養喉嚨，
而一起購買的喉糖則有龍角散的味道。

# 廣餘堂參藥舖

很有效

枇杷膏

天然草本精華

以熱水溶解
2.3是比的份量
後飲用

甜甜的
帶著一
點土味

將上面那一層
白色的粉與下方
的枇杷膏拌勻

隔天感覺好
了很多

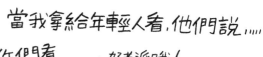

當我拿給年輕人看,他們說……

你們看

好老派哦

感覺阿嬤
才會喝

廣餘堂

台北市大安區信義路二段 34 號

南国の植物たち ────────

# 可愛的小花

台灣不愧是南方國家。樹木都能量滿滿、生氣蓬勃巨大,花朵則是鮮艷奪目。而且走進小巷子就也會發現窗邊有許多的植物。我一直對日本沒有的植物很感興趣,所以光是欣賞這些植物就彷彿能從中獲得元氣一樣。

小巷裡也有許多植物!

看見九重葛就有來到了南國的感覺

在窗戶邊搖曳

好俐!

窗枠

# 精緻的鐵窗花

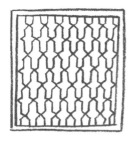

台北公寓的窗框都感覺很可愛，有各式各樣的設計。據說 Amba Hotel 或「玩味旅舍」都有重新整修再利用這些當初為了要防止犯罪所安裝的鐵窗呢！有些窗框看起來還真有歷史感。我會不經意地想走進小巷子內觀看窗框，當找到從未看過的設計時，就會覺得太 lucky 了！

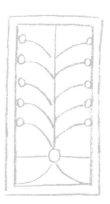

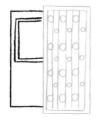

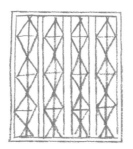

我總是拍照

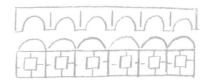

# 好好玩的招牌

到台灣之後，非常慶幸自己能夠看得懂漢字。這樣只要
看到一些配色獨特，以及散發復古風情的招牌，就會想
要停下腳步來拍照。在台北可以看到不少容易理解且用
語相當直白的招牌。

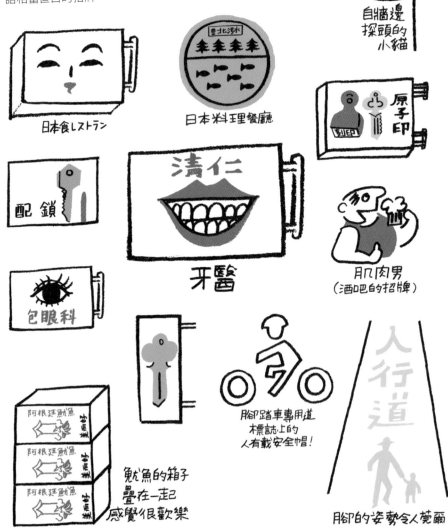

自牆邊
探頭的
小貓

日本食レストラン

臺北汚水
日本料理餐廳

原子印

配鎖

清仁

牙醫

肌肉男
（酒吧的招牌）

包眼科

阿根廷魷魚 美而好
阿根廷魷魚 美而好
阿根廷魷魚 美而好

魷魚的箱子
疊在一起
感覺很歡樂

腳踏車專用道
標誌上的
人有戴安全帽！

人行道

腳的姿勢令人莞爾

台北の乗り物－MRT

# 坐捷運有禮貌

搭乘捷運的民眾守規矩的在月台上排隊，如果車廂裡人太多的話，就會等下一班捷運。（太不可思議了！）要是在日本的話，即便是已經擠不上去了，雙手也會拼命地擋著車門，然後硬是擠上去。（曾經在台北也做過相同的事，深切的反省中。）

另外，台北捷運站內以及車廂內是禁止飲食的，就算是喝水也是被禁止的。講電話是沒有關係的，經常可以聽到有人大聲講電話。而在日本，喝飲料跟嚼口香糖是OK的。但講電話就不可以了，在電車內要保持安靜。

保全人員會協助民眾排隊等車，動作相當地俐落，看起來真的很帥氣！身穿深藍色制服，非常容易辨識。

大家基本上並不會去坐博愛座吧？（太偉大了！）

在日本...

雖然沒有明文法則，但還是以不影響他人為原則。

不可以講電話，車廂內要保持安靜

有些人會在車廂內化妝，雖然沒有禁止，但是有點...

手扶梯
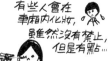

東京
右側保持暢通

台北
左側保持暢通
（有時候我還是會忘記）
大阪跟台北一樣唷

在台灣...

悠遊卡
YOU YOU KA
EASY CARD

大家很守秩序地排等車如果人太多擠不下，就會等下一班車 好棒！

令人佩服

大家都不會佔用博愛座，就連一般的座位，大家也都會讓給老人家或孕婦（在日本，很多人都會裝睡）

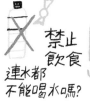
禁止飲食
連水都不能喝水嗎？

可以講電話
而且大家都挺大聲的

有一次我和在日本一樣，就算看到車廂已經客滿還是硬擠進去其他人看了覺得不可思議
對不起
我再也不會這樣了

サイクリングロード ———

# 延平河濱公園 自行車道

這是一條從大稻埕碼頭延伸到淡水河河岸的自行車道，整天都是自行車騎士們休憩的場所。一直往北會抵達淡水，往南則是抵達華中河濱公園附近。而且完全不用在意汽機車，可以一路心情舒暢的順著河川騎乘自行車。

尋常的叔叔騎得超快!

徹底防曬的阿姨

太陽眼鏡　帽子　毛巾　袖套　手袋

還有許多人騎 Youbike

全副武裝派

**1 大稻埕碼頭廣場**

← 正在做伸展操的阿姨

大稻埕碼頭

從民生西路一路向西
這道牆壁的另一頭是碼頭
要留意摩托車!

早晨的茶會?

WEEEE

Sliders 可以站著騎

跳舞的阿姨們
每個人的動作不同，
充滿個性

**2 延平河濱公園**

某個週末的早晨，我騎到公園時已經人山人海了。有人騎登山車、兒童自行車、UBike，不管是年輕人、年長者等，每個人都依自己的步調在使用這個自行車道。就連我都只是稍微瞄了一下媽媽群舞蹈團、開心的打著網球或籃球的年輕人，就一路往南前進。在途中還遇到賞鳥協會的會員們在賞鳥。

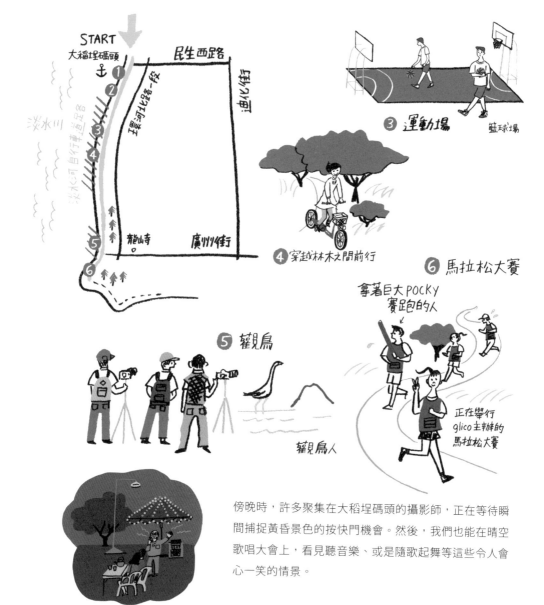

START
大稻埕碼頭
民生西路
環河北路一段
迪化街
淡水川
淡水河自行車道起點
龍山寺
廣州街

③ 運動場　　籃球場

④ 穿越林木之間前行

⑥ 馬拉松大賽

拿著巨大 POCKY 賽跑的人

⑤ 觀鳥

觀鳥人

正在舉行 glico 主辦的馬拉松大賽

傍晚時，許多聚集在大稻埕碼頭的攝影師，正在等待瞬間捕捉黃昏景色的按快門機會。然後，我們也能在晴空歌唱大會上，看見聽音樂、或是隨歌起舞等這些令人會心一笑的情景。

**Paul Hsu**

在台中某大學學習工業設計的 Poul，放假的時候會跟女朋友一起騎腳踏車，他發現穿裙子很難騎現有的腳踏車，於是為了女朋友也能輕鬆騎乘，下定決心要做一台很合用的腳踏車。雖然有產品設計的經驗，但卻是第一次設計腳踏車。

首先從了解腳踏車的構造開始。在工廠住了一年，埋頭於腳踏車的製作，經過多次的失敗之後終於完成了。充滿愛意的腳踏車取名為 Slider。

外型美觀且具功能性，腳踏車骨架設計的比較低，所以方便上下，當然穿裙子也沒問題。也可單腳放在骨架，像在使用滑板車那樣的移動。因為常會騎車遠行，於是設計了可以自動收合的車架。Paul 建議的速度是時速 8 公里，因為這樣就能慢慢欣賞沿路的風景，多虧了 Sliders，讓我能夠悠閒的在繁忙的台北街頭奔馳。

Slider Select Shop
台北市復興南路二段 210 巷 5 弄 8 號
http://the-sliders.com

Paul Hsu

yuan bao

● 你的出生地為？
台北

● 請問你在台北從事的職業是？
Slider bike 創設者

● 你在台北居住了多久時間？
一直都在台北，除了住在台中 6 年以外。

● 對你來說台北是個什麼樣的地方？
大家都會相互體貼，並且重視生活 style
的城市。精緻小巧的城市，所以騎著腳踏
車也能輕鬆樂活的地方。

● 請用一到兩個單字來形容台北。
熱情。

● 你需要靈感時，通常你會去台北的什麼地
方、做什麼事？
我會去海灘。幾天前也才剛去過；誠品書
店。環境優美，而且這裡可以買到國內外
的書籍。

● 當你心情不好的時候會去台北的什麼地方
放鬆、轉換心情？
華山 1914。那裡是一個完美的善加利用
優美歷史建築物的園區。基本上我喜歡
老舊且富有歷史的文物（古物）。以前我
都會在酒吧喝到很晚，但現在已是大人，
所以變得比較喜歡更能放鬆的地方。我
還會到好的餐廳或是帶狗兒出門散步。

● 請和我分享你喜歡的地方
永康街、松菸、實踐大學附近有 fresh
energy。

● 你最喜歡的台北在地美食是？
詹記麻辣火鍋和胡椒餅

● 你會建議大家在台北做些什麼呢？
我希望大家能時間不趕的騎乘腳踏車環繞
台北。也可以慢慢地散步，享受美食。希
望大家能去探險導覽書上沒有記載的地方。

● 假日的時候你通常都做些什麼呢？
順著河邊和狗散步。

● 能不能和我分享你的祕密景點？
大湖公園

● 除了台北外，你最喜歡的台灣的哪個城市？
宜蘭、台中和台東

飛行機撮影スポット

# 看飛機的好地方

大家都仰望著天空

大家都仰望著天空

\充滿震撼力!/

有一次我騎自行車往公園路上的途中，好像哪裡有
發出偌大奇妙的聲音後發現的地方。那是一條通往
公園的近路，持續往發出聲音的方向去後，我碰見
了許多抬頭望著天空的人們。（手中拿著手機或照相
機）過了一下子後，突然有飛機近距離地從我頭頂上
飛過，我嚇了一跳！沒想到居然是松山機場的飛機
要進入正式起降跑道的準備路線，而偌大奇妙聲音
的真面目就是飛機的引擎。這還是我第一次從機場
外面如此近距離的觀賞飛機的起降英姿。（這裡根
本就是飛機同好者的攝影天堂！）

可以看見
整個機腹!

唧─唧─
發出巨大的聲響!

眼前就是機場

台北市濱江街 180 巷

## トイレ問題 ━━━━━

# 洗手間問題多

無論哪本導覽書上都會強調「請勿將廁紙丟入馬桶內」，但從習慣上來說，這是我不敢想像的事情。因為我常一不小心就順手將廁紙往馬桶裡丟了！等我回神時，已無言。（因為日本可以將如廁後的衛生紙丟入馬桶一併沖掉）

因此，我每次要進洗手間之前都要像唸咒語般不斷的重複提醒自己「衛生紙不能丟入馬桶！衛生紙不能丟入馬桶！衛生紙不能丟入馬桶！」，然後就帶著緊張的心情進去了。不過，3次裡面還是約有1次會整個忘記而又不小心的又順手丟入了馬桶。

真的是很抱歉！加上最近有的洗手間好像可以直接丟入馬桶一併沖掉，導致我感覺混亂。加上，有的台灣友人說「不管哪個洗手間，基本上還是不行的！」，有的在台日本人則說「要看馬通的新舊、樣式去判斷」。

若是一目了然的舊式馬桶肯定就會注意，但最令人頭痛的則是外觀乾淨似新，卻不能丟入衛生紙的馬桶。例如前幾天我住的一間很棒的飯店，突然在入住的第二天，在桌上看到一張寫著「請勿將廁紙丟入馬桶」的紙條後瞬間無言。但我想他們應該是看到垃圾桶裡面沒有衛生紙而發覺的吧！真的是非常的抱歉！

公園でのんびり —— 早晨在公園做體操或太極拳的人們

# 我愛公園

公園裡面有晨舞的媽媽們,也有週末帶著
孩子來散步的家庭,以及晚上納涼的人
們。每座都是整頓的乾乾淨淨,讓人心情
舒暢的公園。

好寬敞!

深呼吸!

還有野鳥

## 大安森林公園

大安森林公園位於永康街附近,當施工已久的 MRT「大安森林公園」站開通後,前往此處
的交通就變得相當便利。漫步在綠意盎然的公園內,呼吸著樹木提供的芬多精,讓身心完
全的放鬆。或許你也可以自己準備餐點,坐在公園內的寬廣草坪上野餐。而在園內的池塘
周邊也有許多種鳥類棲息在此,對喜愛賞鳥的人來說也是一處絕佳的賞鳥景點。

台北市大安區新生南路二段 1 號

利用空地綠化城市
可以拍一起撐傘的畫面!

## 台北好傘計劃 /
## Umbrella Park Project

在住宅區偶然發現的一座小公園,是將空地有
效利用來進行都市綠化計畫。牆壁有立體的雨
傘創作藝術品,看起來很像是一隻愛情傘。

台北市大安區和平東路一段 104 巷 16 號
https://www.facebook.com/umbrellapark/

## 大佳河濱公園

聽說這座公園是根據市政府的開發所建造的都會型綠化公園。一望無際的草皮，可看見遠處的山群。而且天空遼闊，根本是絕美的景色！另外，那裡還有自行車道，我甚至還看見了可以 4 人共乘的自行車。

當然公園裡面也還有放風箏或運動的市民。剛好那時候在法國巴黎發生了一件令人傷心難過的恐怖攻擊，所以看著他們的身影，彷彿讓人感覺時間安穩的流逝，也在想不管哪個國家都能像現在這裡一樣安安穩穩地渡過每一天就好了！

台北市基隆河中山橋與大直橋之間

奶奶們的裝扮很迷人

## 朝陽茶葉公園

朝陽茶葉公園位於大稻埕，園內設置有許多的遊樂設備，讓小孩以及老年人們能夠在這裡玩耍休息。在這裡也可以看到許多住在附近的婆婆媽媽聚集，從談話應對可以發現她們十分的可愛，會讓

人忍不住的去觀察。後來經過調查，才知道原來這附近有很多茶葉行，所以公園才會以茶葉公園來命名。聽說只要深入小巷探訪，就可以了解到茶葉的歷史。公園內也種植了許多茶樹。

台北市大同區重慶北路 2 段 64 巷

# Smells of Taipei

這是一趟免費參加體驗台北老街艋舺在地香氣的氣味導覽之旅。主辦者是出身於艋舺的 Rachel。藉由這趟感官之旅體驗龍山寺的立香香氣、藥草街的藥草香味、路邊攤的食物味道、古本屋的香味等氣味同時配合 Rachel 的導覽介紹，可以更了解這保存完善且有歷史的美麗老艋舺。

最近參加的不單單只是外國人，連台灣人也開始會參加了。這對平常就較少與外國人有所交流而生性害羞的台灣人來說，希望 Smells of TAIPEI 能成為國際交流的處所。

在街上……

聞林木香

在書店……

蕃葛拾遺二手書店

くん くん

聞古書香……

在藥草街……（龍山寺附近的巷弄小徑）

仙人掌 ↓　　　ヒ 蘆薈

素食

店仔圖片

聞美食香……

純萬安正青草茶

青草茶

名為左手香的藥草
我從來沒有聽過

透過ipad
詳盡解說
老街的
歷史等

Permanent Memory of City

我收到了芳香精油做為紀念

關於 Smells of TAIPEI 的日程表等詳情請參閱下列臉書粉絲團。
https://www.facebook.com/smellsoftaipei/

Smell of Taipei 創辦人

# Rachel

就讀政大新聞系的 Rachel，在大學的最後半年，以交換學生的身分去了瑞士，也經歷難忘的歐洲多國火車旅行。因為還是學生身分，Rachel 和許多背包客一樣，參加了不少當地免費導覽。Rachel 告訴我，由於免費導覽的導覽員都是當地人，參加者可以藉此瞭解當地的故事，深刻感受當地的文化風土。

回國後希望自己也能在生長 20 多年的台北，帶著外國觀光客認識這座城市，於是腦中浮現「Smells of Taipei」的狂想。但是這個並非只是單純的觀光旅行團而已，而是一趟可以體驗土生土長的艋舺的氣味導覽之旅。是不是感覺很獨特呢？

有一天，Rachel 發覺艋舺的地形與鼻子的形狀很相似。而且保存完善富有歷史的美麗老艋舺裡有龍山寺的線香香氣、藥草街的藥草香味、路邊攤的食物味道、古書店的香味等氣味，這些都是她從小就熟識的東西。

雖然我好像對流氓較多的艋舺沒什麼好印象，但就是因為這樣 Rachel 才會更想要透過「氣味」讓大家都知道這片土地的魅力。

● 你在台北從事的職業是？
外商設計公司、專案專員、專欄作家

● 你的出生地為？
台北

● 你在台北居住了多久時間？
25 年

● 對你來說台北是個什麼樣的地方？
人們親切，我對台北有強烈的情感，這裡是我的家。

● 請用一到兩個單字來形容台北。
人性化、有活力。

● 當你需要靈感時，通常你會去台北的什麼地方、做什麼事？
我會去書店，像是誠品或是藏身在巷弄裡的獨立書店。我也會去咖啡館，閱讀和咖啡帶給我許多啟發和靈感。

● 當你心情不好的時候會去台北的什麼地方放鬆、轉換心情？
我會去陽明山。到高一點的地方可以讓我更放鬆。

● 你最喜歡的台北在地美食是？
蚵仔麵線、挫冰、花生湯圓

● 你會建議外國人在台北做些什麼呢？
參加「Smells of Taipei」，這是一個可以了解台北不同樣貌的特別活動，真的很有趣。

● 假日的時候你通常都做些什麼呢？
我非常喜歡在假日的時在艋舺地區帶領「Smelling free tour」，對我來說就像是社交實驗。當我和外國人或是在地朋友分享、介紹艋舺後，他們彼此也會很自然地在導覽中互動，意外促進東西方文化交流！

● 除了台北外，你最喜歡的台灣的哪個城市？
花蓮。我喜歡海邊，在花蓮你可以輕易接觸山和海，我在花蓮時覺得自己像個孩子一樣。

台湾シャンプー

# 這樣洗頭好好玩

日本旅遊書上必會記載的台式洗髮。萬萬沒想到台式洗髮怎麼會那麼地舒服阿！

首先店員就直接的在位子上倒了洗髮乳之後而專心洗頭。接著頭皮的按摩實在是讓人感覺舒服。就如旅遊書上所看到的，清除泡沫時而豎起高高的頭髮。之後移動到沖水室，店員邊沖洗頭髮邊做頭部 SPA。之後回到座位後，店員開始專心地吹頭。於是我的頭變成了光滑柔順的香菇頭了。（與我同行的長髮朋友則是大波浪捲髮。）

男生丫留著一頭飄風逸且帶有光澤長髮，看起來像是宗師．

在日本美容院洗頭髮會讓顧客坐在躺椅洗，而且一般人是不會為了洗頭髮而去美容院的。

旅遊書上常見的情景！

我的朋友R則是留了一頭長捲髮，看到有點嚇到。 WOW!

S 小林髮廊 SHOW LIN BEAUTY SALON

台北市忠孝東路四段 216 巷 36-1 號 2 樓

# 靈感發現

|書店|博物館|圖書館|小店|

# 誠品生活松菸店

誠品生活松菸店除了書籍，也販售生活雜貨、零食點心等，可以在這裡買禮物送人。書店部份的陳列很美，而一邊閒逛一邊欣賞台灣的書籍裝幀也很有趣。當地民眾會站在書架前專注地閱讀（還有許多人坐著，我很驚訝！）後來我也成了他們之中的一員。

一樓的 AXES、Dleet 等，販售台灣年輕服裝設計師的作品；地下一樓則有曾獲得世界冠軍的高雄麵包店——吳寶春麥方店。隔壁的松山文創園區是整修自舊菸廠的文化景點。不僅建築本身很美，裡頭還有設計博物館，經常舉辦展覽或活動。

吳東龍的
東京設計
旅遊書

誠品生活
the eslite spectrum

知名設計師
聶永真作品集

台灣談論
書籍設計書

台北市信義區菸廠路 88 號 | 全年無休 |
https://www.esliteliving.com/

很多人坐在地上看書！

# 田園城市 生活風格書店

同時也是出版社的田園城市書店位於雙連捷運站附近,不但是出版社的辦公室,同時也是書店及藝廊。書店以販售設計、建築、文化等書籍為主,出版社同時也出版設計類等許多有質感的書籍。地下室的藝廊提供了展示空間,並且會配合展示藝術家來銷售原創書籍。負責人陳先生是日本通,在自己專屬的辦公室設置了「社長古書店」的小型書店,並且開放給大家參觀選購,十分受到歡迎。聽說這些古書都是老闆每兩個月就親自前往日本挑選的。

邵亭魁攝影作品集

田園城市出版的美麗書籍

發行人陳先生

花想

舞裸社 DANCER SHEU

COFFEE DAILY

還有很多zine

秋刀魚

秋刀魚

社長の古本屋 —OPEN—

← 發行人辦公室由此去

台北市中山區中山北路二段 72 巷 6 號

# 下北沢世代

「下北沢世代」是一間限定週末營業，專營雜誌、
zine、藝術相關或文創書籍的書店。空間雖小，
但這些美麗書籍或具獨創性的 zine 等都是由店主
Monique 用獨特的審美觀所精心挑選！這裡也同步
介紹日本國內剛發行的書，所以我常對他們收集資訊
的速度感到驚訝！

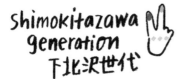

看板上放著真的 Zine

時尚女孩很多

TOPOLOGY IN BED by chi Tsai Ni

TOPOLOGY IN BED

nos:books的本

HOME GIRLZ by Evah Fan
充滿律動感的女孩zine 動作與色彩都很迷人！

請注意，只有週末開放！

台北市中正區和平西路二段 141 號 2 樓之 2
https://www.facebook.com/shimokitazawa.books/

「下北沢世代」負責人

## Monique Lee

「下北沢世代」是一間專營藝術及設計書、文創及 ZINE 等獨立性質的書店。據說起初這裡並非書店，而只是 Monique 跟 David 單純的在 flickr 及 facebook 上介紹他們自己喜歡的書而已。沒多久兩人的選書就得到來自世界各國熱烈的回響。

因應中國內地的讀者因為某些書籍難以取得的需求，於是 2007 年以網路商店的形式開設了書店。之後他們又聽到許多來台北旅行的外國人「還以為有實體店面呢！」這樣的心聲，於是，2011 年在捷運中山站附近有了一家小小的實體書店。

由於 Monique 是平面設計師，而 David 是出版社編輯，所以書店只限定在週末營業。雖然如此，但還是聚集了許多客人，反應甚好。從 2013 年搬至現在的店址，也增設了藝廊的空間。客群不只有台灣人，也有一樣是華文圈

的香港、中國、新加坡和馬來西亞等客人。據說，最近日本客人漸趨增多，然後韓國客人也開始變多了。

店內的書都是 Monique 精挑細選過的好書，完全無關知名度、年齡等問題。只要是她有興趣的書就會直接連絡出版社，或是親自到世界藝術書市集去挖寶等。而且我對 Monique 連日本剛發行的書都可以立即到掌握資訊，感到非常驚訝。當然除了人品好外，怎麼說還是她那極為迷人的聲音。請務必到店內和她聊天看看！

Monique 會將書店命名為「下北沢世代」的原因是，不只是書，也希望可以介紹她自己喜歡的音樂及藝術。我造訪的那個週末正好展示日本插畫家 MIYAGI CHIKA 的作品，簡直盛況空前！當時我在心中也許願，如果有一天可以在這裡辦我的展覽的話，那就真的太棒了！

MoniqueLee

● 你的出生地為？
台北

● 對你來說台北是個什麼樣的地方？
我的記憶、我的國家

● 請用一到兩個單字來形容台北？
濕。（無論是天氣還是國家都是）

● 當你需要靈感時，通常你會去台北的什麼
地方、做什麼事？
在自己的工作室聽音樂、逛 CD 店、什麼
都不想，也盡量什麼都不做。

● 請分享你喜歡的地方
眼鏡珈琲、61note。我不會去很多地方，
大多是拜訪朋友的店。

● 假日的時候你通常都做些什麼呢？
看韓劇。形象破滅了嗎？（笑）

● 你最喜歡的台北在地美食是？
雞排和肉粽。

● 能不能和我分享你的祕密景點？
誠品音樂。因為可以免費聽很多音樂，而
且地方很大，沒有人管你。

● 除了台北外，你最喜歡的台灣的哪個城市？
台南一美食天堂！

# VVG chapter

## 好樣文房

這是一個思考如何改善台灣人逐漸遠離閱讀的問題而啟動的企劃。聽說文房營造出的感覺是能在讓人在沉靜且美麗的地方享受閱讀樂趣的空間。入場方式為每2小時切換一次，每次限定12名。這樣大家都能在好樣文房充分享受在喜歡的地方閱讀喜歡的書！

這個改造自日治時代老屋的空間營造能讓人沉靜的享受閱讀。在翻修時大量使用了台灣黃檜，所以屋內總是飄散著迷人的香氣。聽說這些黃檜是當初日治時代被日本帶回保管至今，而文房將其買回使用。屋內的古董傢俱是 Grace 個人收藏品的一部分，整個就是和屋子的氣氛絕妙融合了。

文字
VVG Chapter

美麗的空間

先在這裡的座位欣賞庭院風光

E=MC²
連結台灣與日本的展示空間
持續舉辦台灣創作者與日本創作者的雙人展

肉桂橙皮戚風蛋糕與咖啡

以布隔間

台北市臨沂街 27 巷 1 號 | http://www.vvgchapter.
com.tw | 採網路預約及人數限定制度，滿 15 歲
者皆可預約。提供 4 個預約時段：10:00-12:00、
12:00-14:00、14:00-16:00、16:00-18:00

最後在咖啡館

# VVG bistro

## 好樣餐廳

「好樣餐廳」是 VVG 值得紀念的 1 號店。綠意盎然的入口，及令人印象深刻的大窗戶營造出讓人放鬆的小店面。因採訪 Grace 而有幸造訪。然後點了薄荷茶後，店家用非常可愛的食器端了出來。於是我也想一併造訪對面的「好樣本事」。

\\\綠意充滿///

VVG BISTRO 好

薄荷茶和T型茶壺

放鬆好孩

兩種蛋糕看起来都好吃!

面窗的大沙發
眼前是濃密的綠意

台北市忠孝東路四段 181 巷 40 弄 20 號
http://vvgvvg.blogspot.jp

# VVG Something

## 好樣本事

「好樣本事」曾被票選為世界最美書店之一。空間雖小，卻收藏了許多來自世界各地的美麗書籍。即使不懂其語言，單純翻閱也備感幸福。感覺喜愛書籍的人會長時間沉靜在這！此外，這裡精選的雜貨也很絕妙有品味！

有我最喜歡的
Maria Kalman的書

每個主題都有如山一般疊在一起的書
感覺很像尋寶！

狽犬書擋
我很想要
但是好重

科比意的美麗作品集

VVG
Something
好樣本事

大紅色的
門十分醒目！

台北市大安區忠孝東路四段 181 巷 40 弄 13 號
http://vvgvvg.blogspot.jp

# VVG hideaway
## 好樣祕境

「好樣祕境」是一間被綠意盎然的大自然環抱，隱身在陽明山中的餐廳和複合式精品店。大量的陽光照射進來，是一個讓人心情愉悅的空間。若對城市的喧囂感到疲憊的話，那就來這裡稍微放鬆一下吧！

像歐洲城堡的入口

書區

Shop Space

食譜,照片集

還有古董雜貨

屋頂也充滿綠意

Cafe Space

外頭充滿綠意

好舒服～!

VVG Hideaway
好樣祕境

miao marmalade

妙家庭廚房的
手作果醬

Green Room

ÄiÄi
ILLUMLAB
WWW. AIAILAB.COM
使用天然原料製作
手作大豆蠟燭
(香氣非常好聞)

台北市士林區菁山路 136-1 號
http://vvgvvg.blogspot.jp

好樣集團執行長

# 汪麗琴 Grace Wang

台北的漫步生活旋風,少了創意集團 VVG 的執行長 Grace 是絕對不行的。她不斷提出能讓生活變得更加豐厚溫暖的優美商品。

首先於 1999 年先開設了小而舒適的「好樣餐廳」(VVG Bistro)。並於 2002 年將觸角延伸至精緻外燴業,LV、GUCCI、Celine 等時尚品牌都是她經手服務的客戶,據說目前為止經手負責的有 13000 個活動。

現在旗下有書店、B&B、咖啡廳、餐廳等各型態的商店種類,而且最近在陽明山設立的「好樣秘境」(VVG hideaway)也是剛開幕而已。甚至還在 2015 年的冬天開設了翻修日據時代老屋而成的預約制文房,及也有在策畫要以改裝麵包車為移動圖書館環繞全國等等。

雖然好像經常因公出差,但每當回到台北就覺得鬆了一口氣的 Grace 說台北無論是街道還是人都很溫暖。她還說台灣還有許多需要學習的地方,所以要留意日常生活中美的事物,希望可以跟大家一起快樂且安穩的生活下去。

長久以來我也是 VVG 的粉絲,所以一直希望有一天能和 Grace 見上一面。我非常感謝她們就在我鼓起勇氣試著提出訪談的邀請後,很快的就回覆願意接受訪問的回函。在我了解她是一位充滿善解人意、親切熱情的絕美女性後,變得更加喜歡、欣賞她了!

Grace Wang

● 你在台北居住了多久時間？
  年紀從 3 字頭搬來台北之後。

● 對你來說台北是個什麼樣的地方？
  這是一個有人情味的城市

● 請用一到兩個單字來形容台北
  便利、好地方（好勝過完美）

● 當你需要靈感時，通常你會去台北的什麼
  地方、做什麼事？
  我會去陽明山、與美食為伍

● 當你心情不好的時候會去台北的什麼地方
  放鬆、轉換心情？
  去海邊或是開車到花蓮和台東一帶。

● 你會建議外國人在台北做些什麼呢？
  去 VVG 的店或是陽明山

● 假日的時候你通常都做些什麼呢？
  放鬆待在家，和朋友去看電影，或是去拜
  訪我母親，從她身上得到靈感。

● 除了台北外，你最喜歡的台灣的哪個城市？
  台北和台中。

插畫家

## 古曉茵 Siaoyin Gu

曉茵是活躍於台灣的時尚插畫家。除了平面插畫之外，也會製作人偶或飾品等擁有多方面才藝的插畫家。

據說大學畢業後的前 10 年曾做過戲劇或藝廊、服裝相關的工作。直到 37 歲的時候才發覺自己真正想做的是插畫及創作，所以就辭掉工作開始自學插畫。之後馬上就成了自由插畫工作者直到現在。對藝術及時尚等各個領域皆有興趣的曉茵，她的作品非常具有風格，及獨特的配色，完全表現出她本人的好品味。

這 件 名 為「The gift of the magi」的 mobile 作品，雖然是結合插畫和裝滿星星的小袋子懸掛的作品，但實際上這個星星是曉茵老公的手作物。據說這些大量的手作星星是她老公在結婚前送給她的禮物，所以她也想將這些星星分享給訂製這件 mobile 客人。好浪漫呀！

曉茵說插畫就是表達自我最好的語言。每當承接新的企劃案時，腦中就會立刻浮現構想，這點也太令我羨慕了吧！

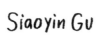

Siaoyin Gu

● 你從事的職業是？
插畫創作。

● 你在台北居住了多久時間？
27 年。

● 對你來說台北是個什麼樣的地方？
有很多活動和友善的地方。

● 請用一到兩個單字來形容台北
親切、吵鬧。

● 當你需要靈感時，通常你會去台北的什麼
地方、做什麼事？
會去畫廊、書店、博物館等等，例如誠品
書店、Boven 雜誌圖書館。

● 當你心情不好的時候會去台北的什麼地方
放鬆、轉換心情？
現在住家附近的陽光運動公園，以前則是
去大安森林公園。

● 你最喜歡的台北在地美食是？
餘記麵館、南川麵館。

● 你會建議外國人在台北做些什麼呢？
逛逛獨立小店看展覽、或是陽明山、大稻
埕、華山和松山文創園區。

● 假日的時候你通常都做些什麼呢？
看展覽、偶爾去富錦街一帶逛逛。

● 能不能和我分享你的祕密景點？
陽明山にある林語堂故居。

● 除了台北外，你最喜歡的台灣的哪個城市？
台南。

# 華山 1914
## 文化創意產業園

「華山 1914 文化創意產業園區」是改建 1914 年日據時代所建的製酒工廠的藝術中心。雖然曾經歷長時間的閒置，但當地的藝術家深受工廠佔地面積廣、挑高的天花板，以及採光佳的絕佳地理環境的魅力影響，而開始將其當作工作坊進行作品創作。直到 1999 年被中華民國藝文環境改造協會接手，並於 2005 年起正式開始進行翻修工事。園區內有可現場表演的藝文空間、畫廊、咖啡廳及餐廳等空間規劃，就算只是散散步也讓人感覺很有趣！當時我去的時候，剛好有現場音樂會及捷克插畫家柯薇塔（Květa Pacovská）繪本原畫展，不管哪個展演都讓我從中獲取不少靈感呢！

星期五晚上有Live演出，十分熱鬧

都是爬牆虎 →

Kvĕta Pacovská
捷克繪本作家的原畫展

柯薇塔的繪本王國

用色,線條使我獲益良多

總是在這裡的
流浪狗

手紙舍

這裡也有
VVG thinking

小器華山店還有
日本手紙舍專區

台北市八德路一段 1 號
http://www.huashan1914.com

Speical ISSUE

# 台北野餐俱樂部
## Taipei Picnic Club

2015 年的秋天,首次以 1920 年代的
台北為主題舉辦了野餐活動。那個年代
的台北盛行牛仔褲或搖擺舞,是個華麗
時髦的時代。主辦人 Dave 是因為覺
得大多數的年輕人不了解台北優美的歷
史,希望可以藉此讓大家對自己的環境
有更深的了解才選擇了以 1920 年代為
主題。聽說參加的人都穿著自己絞盡腦
汁用心打扮的 1920 年代風格來享受野
餐的樂趣。

TAIPEI PICNIC CLUB
台北野餐俱樂部
SWING AGE LAWN PARTY
華山中央藝文公園

Classic cars

Cheers!

Cheers!

PAIR LOOK

*Lovely. Organizer*

據說計畫要在春天舉辦的金風鈴賞花野餐活動是參考日本人賞櫻時所得的靈感。Dave 經常隨身攜帶的筆記中，好像記滿了往後約 20 年的想法，所以接下來的台北野餐俱樂部活動將更拭目以待囉！請各位讀者也務必參加及體驗看看！

Taipei Picnic Club 創辦人

## Dave Chen

台北土生土長的 Dave 是台北野餐俱樂部的主辦人。聽說在活動開始的 2009 年，台北人對野餐活動還不是很熱衷，甚至知道要在公園舉行野餐活動時，還會被經過的路人以奇怪的眼神對待。

當年 Dave 要舉辦這個活動的時候，曾經試著向媒體認真介紹，但沒有任何一家媒體對這個活動表示有興趣。到最後能夠讓大家知道的方式卻只能透過臉書活動而已。但是，沒想到當天參加的人數卻有 3000 人，卻也因為人數眾多更能讓大家體驗到野餐的樂趣。可惜之後 Dave 到倫敦留學，所以台北野餐俱樂部就此活動暫停了。

後來回台灣工作的 Dave，始終忘不了 2009 年的經驗。在努力奔走之下，終於在 2014 年，台北野餐俱樂部復活了。這幾年來，大家對野餐的認同有了不一樣的認識和體驗，在 2009 年的野餐活動，很多參加者都只是鋪著報紙在草地上、買一些外帶的食物；而今日台北的野餐活動中充滿美麗的野餐墊、野餐籃和各種野餐料理。從 2014 年開始台北野餐俱樂部一年舉辦 2 次野餐活動，主要是在春天跟秋天。另外 Dave 也在著手進行夏天舉辦啤酒節、冬天則舉辦聖誕市集等活動的計畫喔。

Dave Chen

- 你在台北從事的職業是？
  台北野餐俱樂部創辦人

- 你的出生地為？
  台北

- 你在台北居住了多久時間？
  從出生就一直住在這裡。(家族200年都住在台北)

- 對你來說台北是個什麼樣的地方？
  隨著貿易和移民，交織著各種文化和色彩的多采多姿城市。

- 請用一到兩個單字來形容台北。
  Hybrid

- 當你需要靈感時，通常你會去台北的什麼地方、做什麼事？
  我會找一間小酒館小酌幾杯。微醺時，腦中就會浮現大量瘋狂的靈感。然後早晨醒來時，自己也常被這些記在筆記本上的靈感嚇到。

- 當你心情不好的時候會去台北的什麼地方放鬆、轉換心情？
  順著基隆河的河濱公園走走，尤其是大佳河濱公園這一段。

- 你最喜歡的台北在地美食是？

  喜歡便宜又好吃的小吃店，像是寧夏夜市的「圓環邊蚵仔煎」、天母跟大稻埕的「金仙蝦捲排骨飯」或是開到凌晨的「廖嬌米粉湯」是喝完酒後的宵夜首選。

- 你會建議外國人在台北做些什麼呢？
  去大稻埕走走，可以體驗早期台北人的生活面貌。

- 假日的時候你通常都做些什麼呢？
  由於我是從事舉辦活動的工作，所以假日都是工作居多。休假時則是到宜蘭等郊外，放鬆心情。

- 除了台北外，你最喜歡的台灣的哪個城市？
  毫無疑問的就是，台南！

# 台北國際藝術村－寶藏巖

**treasure hill**

「台北國際藝術村－寶藏巖」是隱身在金色輝煌的寺廟後方的藝術村。這裡已是來自世界各國的駐村藝術家或台北在地藝術家的工作坊。週末也會開放參觀，若運氣好，還能偷瞄到藝術家的作品或製作情景。而且在寶藏巖地形高低顯著的特殊地景山丘上走走，充滿探險的氛圍。尤其從山丘上眺望的風景簡直太棒了！但是寶藏巖裡面除了原本就住在這裡的駐村藝術家外，尚有當地居民，所以要多注意禮貌。2010 年還開設了青年旅館，希望自己有天可以入住體驗看看。

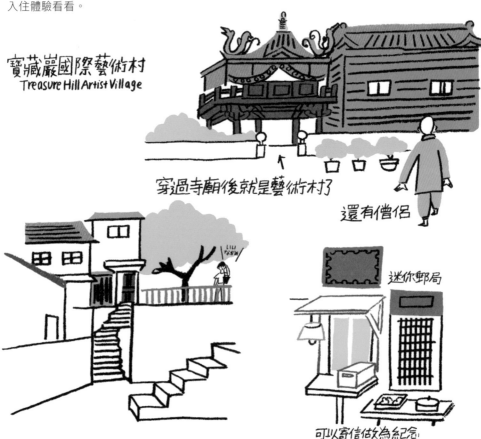

寶藏巖國際藝術村
Treasure Hill Artist Village

穿過寺廟後就是藝術村了

還有僧侶

迷你郵局

可以寄信做為紀念

你是誰？

隨處可見藝術作品

發現畫廊！

49

十字藝廊
CROSS

寶藏巖國際藝術村 MAP

寺廟

住家　藝術村　民宿

入口

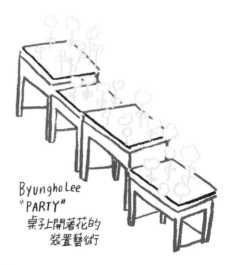

Byungho Lee
"PARTY"
桌子上開著花的
裝置藝術

台北市汀州路三段 230 巷 14 弄 2 號
http://www.artistvillage.org

# 台北市立美術館

## Taipei fine arts museum

「台北市立美術館」位於花博公園的北側，於
1983 年設立的現代美術館。因為空間寬大，所
以能在這好好鑑賞台灣的藝術作品。館內約有
4,000 件以上的收藏品。地下室也備有兒童遊戲
室，及附設咖啡廳，感覺好像可以在地下室中庭
慢慢思考事情。（星期六晚上 5 點以後免費入場
是令人蠻開心的！）

令人莞爾的情侶

ヨ臣 臺北市立美術館
Taipei Fine Art Museum

No Selfie Stick !
禁止使用自拍棒

莊喆
回顧展
Chuangche
Retrospective
Exhibition

彩色印刷渲染的部份很美

台北市中山北路三段 181 號
http://www.tfam.museum/

# 台北當代藝術館
## MOCA Taipei

← 立体的入場券

外觀陳列依照展覽調整

「台北當代藝術館」是改建 1921 年日治時代所建的元小學校舍。1996 年被列為歷史建築物，接著在 2001 年以現代美術館開放。保留以前小學教室的隔間並善其利用展示風格不同的作品，呈現出與其他美術館不一樣的印象風貌。展演的有碧玉（Bjork）的影片、香港藝術家的裝置藝術等多方表現風俗民情的作品，每次造訪時都將會有不同的趣事。另外，也可以在美術館內的咖啡廳一邊喝咖啡一邊繪畫草圖，別有一番風味喔！

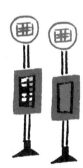

IN THE NAME OF ART
Hong Kong Comtemporary
Art Exhibition
以藝術之名：
香港當代藝術展

代廣新聞台
What's News Strip
Video installation

MOCA Taipei
台北當代藝術館

台北市長安西路 39 號
http://www.mocataipei.org.tw

# 就在藝術空間
## Project Fulfill Art Space

「就在藝術空間」是 2008 年開幕的藝廊，以發表當代藝術家
的作品為名。如同名字，這裡追求的是「就在藝術」的藝術空
間，所以不單純只是裝飾作品，而是將空間整體融入作品的一
部分進行展示。

香港藝術家的裝置藝術展
Well, you can have what's left of mine
Kwan Shueng Chi 關尚智

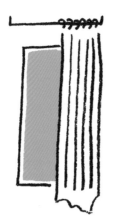

就在藝術空間
PROJECT FULFILL
ART SPACE

台北市大安區信義路三段 147 巷 45 弄 2 號 1 樓
http://www.pfarts.com

於帶藝術家尺寸的入口
對於尺寸稍大的我來說很窄

# 路由藝術
## nunu fineart

英國藝術家的展覽
Yellow Bird and Leaves
Rose Wylie
exhibition

「路由藝術」於 2014 年開幕。英文名字 NUNU 是從電訊網路設備「路由器」（router）的發音而來，意思是如同路由器的功能一樣，「路由藝術」的目標就是自許成為集結資訊及分享訊息的地方。他們會將歐洲、北美、東南亞的藝術訊息分享給台灣喜愛當代藝術的朋友們，合作對象除了 MET、MoMA、le Centre Pompidou、Tate London 等擁有高支持度的藝術家外，他們也極力用心推展台灣及東南亞、東北亞等藝術家的作品。我去的時候，藝廊正在展出一位英國婦女藝術家 Rose Wylie 的動態藝術作品。

線條樸拙但充滿躍動感的畫作

NU NU FINE ART

台北市中正區金山南路 1 段 67 巷 5 號 1 樓
http://www.nunufineart.com/

# 小路上

## dear dear

「小路上」是一間 3 層樓的獨立藝廊。1 樓是咖啡廳,
感覺也是藝術家與客人交流的交誼廳;2 樓是美術教
室;最後 3 樓的展覽空間則會舉辦繪畫展示、表演、
現場音樂會、工作室或電影節等活動。原是學習演劇
治療的老闆,藉由與心理障礙的孩童接觸中發現,創
造力具有療癒性以及激發自我表現。因此,這個藝廊
不侷限在只是藝術家與客人間、或是藝術家之間溝通
交流的框架,而是能自由發想的交流場所。

住 café

畫廊

有很多可怕又
可愛的熊

2F Gallery Space

兩個女孩聊天

木地板

1F Cafe Space

台北市羅斯福路二段 77 巷 7 號
https://www.facebook.com/deardeer2012

# 土生土長
## On the Ground

這裡是專營台灣低農藥及有機食品、調味料的店家。
在臉書看到時就感覺很有興趣，沒想到，就那麼剛好
在經過時被我發現了。馬上入手乾燥的冬粉及特有的
黑豆蔭鼓。

店家也販售無農藥蔬菜

紅藜米粉

牛蒡茶

好吃的

豆豆支

On the Ground

陽光苦茶油

苦茶油

黑金剛花生

黑皮落花生

洛神花茶

原生油菊

油菊茶

台北市中正區金山南路一段 81-4 號
https://www.facebook.com/ontheground.taiwan/

# 辜振甫先生紀念圖書館

「辜振甫先生紀念圖書館」位在國立台灣大學內,是由日本建築師伊東豐雄所設計的圖書館。面對偌大中庭的牆壁有一面是整片的落地窗。天花板則是像是蓮花葉,又像是樹木那不可思議的形狀。甚至連書架也採用曲線造型,營造出溫和的氣氛。只需持有證件就可入內參觀。

騎腳踏車在校園內
移動很方便

辜振甫先生
紀念圖書館
&台灣大學

每個地方
都很寬敞!

從上方俯瞰時映
入眼簾的景色
屋頂上
有很多圓形

醉月湖

大學裡還有湖!

台北市大安區羅斯福路四段一號
http://web.lib.ntu.edu.tw/koolib/

# Boven 雜誌圖書館

在這個圖書館，可以閱讀到包括設計、藝術、時尚等來自全世界各種領域的雜誌。只要支付當天的入館費用，就可以在此閱讀。即使途中外出用餐，當天隨時可以再次入館。宗旨是「READING IS POWER, AND WE SHARE WITH YOU.」，有時也會舉辦活動。

步下樓梯前
往地下室

入口處要換拖鞋

入口有個
小小的池塘
BOVEN 五個
英文字母票
浮在池塘中

**boven**
雜誌圖書館

來自台灣的美麗雜誌們

還發現
了刊登的
連載的
FIGARO voyage
真感動！

台北市大安區復興南路一段 107 巷 5 弄 18 號 B1
https://www.facebook.com/boven437/

# 裸市集

## Naked Market

2015 年 9 月台灣第一家「裸市集（bulk foods store）」
出現了，由原本是銀行員的老闆及友人一起成立的一家非常有
環保概念的店，店內所有商品都可以依照客人想要的份量秤重
計價，顧客也可以帶著自己的容器來盛裝，既不會買了過多的
食材丟棄浪費，也免去包裝的不環保。我在這裡買了台灣的花
胡椒、八角、五香茶、還有特殊的黑鹽等當作伴手禮。

月桂葉　八角粒　花椒粒　五香粉

很適合送給喜愛烹
飪的朋友酒也是

豆類，義大利麵，粉類都可以
依照需要的量購買

NAKED MARKET

油也是

台北市民生東路 4 段 75 巷 1 號
http://www.nakedmarket.com.tw
https://www.facebook.com/nkdmarket

# 洪春梅西點器具店

這裡是 Ivy 老師推薦的西點器具店。店內的空間不大，
製菓的道具及材料緊密的從地板擺到天花板。若花時間
慢慢看的話，感覺說不定還會挖到寶。我隨即買了鳳梨
酥的模具、推棒，還有橢圓形的起司蛋糕模具。

鳳梨酥
的袋子

有許多原創模型

擠花口嘴的
種類非常豐富

鳳梨酥模型
將蛋糕從模型
中推出來的工具

台北市民生西路 389 號

# 叁拾選物

## 30Select

這是一群充滿創意的友人所推薦的店，裡面有百看不厭的
簡約風生活雜貨、或是經過精心挑選且數量有限、風格獨
特的衣服。而且還有 if&n 絕美的洋裝。我買了一個原創
手提包當作老公的伴手禮。（女店員也長的很可愛！）

穿著圍裙的可愛店員

if&n的
洋裝♥

只是x琅茶

店內亦販售咖啡

台北市羅斯福路三段 210 巷 10 號
https://www.30select.com

# 你好我好

「你好我好」是青木由香開設位於迪化街的店。店內陳列色彩豐富的大同電鍋、台灣原創的啤酒杯、goodman coffee 的咖啡等都是青木小姐親自嚴選的台灣好物。還有描述關於商品的說明文實在太有趣了！

之後預計也會用期間限定的方式販售台灣沒有的日本物品，而且邀請日本的朋友來台舉辦陶器修補技術（金繼修復）及組合盆栽等具有特色的工作坊。我感覺這裡之後會變成日台交流的好處所，值得期待！

輕紙本
再生紙筆記本

WE ARE SUPER GOODMAN

GOODMAN COFFEE的試喝包

老闆
青木由香さん

你好我好

你好我好

鳳梨裝飾十分醒目

花生酥
令人懷念的花生糖

TAIWAN BEER

原創啤酒杯

還有你好我好
×鄭老師
合作的披肩

台北市大同區涼州街 45 號

作家／「你好我好」負責人

# 青木由香 Yuka Aoki

在台北已經住了 15 年的青木小姐，從日本的美術大學畢業後就以背包客的身分走訪了世界各地，最後到達了台北。她發現台北是一個非常舒適的地方，於是開始學習語言及按摩，同時也長住了下來。

她曾於 2005 年出版了一本介紹台灣不思議的書《奇怪ね一台灣》（中文是《奇怪ㄋㄟ一台灣》），還因此成了暢銷書籍。所以就算我沒有特別說明，想必大家應該也都知道這本書吧！現在，她除了一邊帶小孩一邊進行寫作外，還成功擔任協調者的工作等（在近期日本雜誌的台灣特集中肯定都會出現青木小姐的名字）。

第一次來台北旅行時就看過了青木小姐所著的《奇怪ね一台灣》，當下一鼓作氣把它看完。

當我看到她用詼諧逗趣的方式表達旅行中不可思議的地方時，既認同又好笑的覺得很有趣。我完全已變成青木小姐的粉絲了。這次為了撰寫此書而試著鼓起勇氣聯繫的青木小姐表示願意接受訪談！她真是一位非常直率且心地善良的女性呢！

當我問她：「如果要用一句話來形容台北的話，妳會如何回答呢？」
她回應了一個前所未有的回答：「這裡是一個非常不可思議的城市」。
話說這裡雖然是個都市，但就是總感覺哪裡依然存在著鄉下人那種愛多管閒事的性格。我覺得這回答雖然巧妙，但也認同。

Yuka Aoki

● 你在台北從事的職業是？
「你好我好」老闆

● 你的出生地為？
日本神奈川縣

● 你在台北居住了多久時間？
15 年

● 請用一到兩個單字來形容台北
有著都會面貌的鄉下在這世上也算稀奇、
好管閒事性情的都市

● 當你需要靈感時，通常你會去台北的什麼
地方、做什麼事？
藉由跟人的溝通可以發想出更多的靈感

● 你最喜歡的台北在地美食是？
臭豆腐、福州乾麵

● 假日的時候你通常都做些什麼呢？
沒太多休息的時間。通常是打掃、洗衣
服、跟小孩到戶外玩或是到小孩喜歡的地
方去玩。

● 除了台北外，你最喜歡的台灣的哪個城市？
台東和台南

# 61 Note

「61 Note」是老闆東先生成立的生活雜貨店，裡面也有附設咖啡廳。這裡陳列的德國老牌刷具 REDECKER 商品種類數量是台北第一，佔據店內大半空間的都是東先生實際用過而喜歡的商品。地下室則也有展覽空間，例如器皿的展示等。另外，他也計畫在附近開 2 號店。令人期待！

GIBSON HOLDER 書擋

德國的老品牌 REDECKER

St.Eval Candle

駝鳥毛撢子

觀葉植物用

香菇用

水果用

此外還有很多商品
我想好好逛逛

# 61 NOTE
## SHOP&TEA

TEMBEA

台北市大同區南京西路 64 巷 10 弄 6 號
http://www.61note.com.tw

61 Note 負責人

# 東 泰利 Yasutoshi Azuma

來自日本大阪的東先生從小就飽受嚴重暈車的
困擾，對於旅行也只是覺得很痛苦而已。連家
族旅行也都是1個人在家顧家而不出門的人，
直到某天的機緣下遇見了對暈車非常有效的藥
後，於是可以走訪久違的母親的故鄉——台灣。

某天他忽然掠過一個念頭，想說如果在這裡
開設一間咖啡廳兼賣雜貨的店應該還不錯
吧！？於是他的人生就在那趟旅行中徹底改
變了。在大阪的時候就很喜歡走訪咖啡廳或雜
貨店的東先生說，希望也讓台灣人了解實際在
各種型態的商店，欣賞各式各樣的商品並挑選
的那種樂趣。

61 Note 店內賣的都是東先生實際用過覺得很
棒的商品、及自己喜歡的商品。而且商品不僅
只有日本的東西，還有美國的書架及德國老牌
刷具、英國的蠟燭等不管國家還是商品種類都
很多樣化。而且，每一樣商品都是老闆有自信
向大家推薦的商品喔！

● 你在台北從事的職業是？
　經營雜貨店。

● 你的出生地為？
　日本大阪。

● 你在台北居住了多久時間？
　約 9 年。

● 是什麼原因讓你來到台北生活？
　就一種感覺。

● 對你來說台北是個什麼樣的地方？
　第二故鄉。

● 請用一到兩個單字來形容台北？
　隨心所欲。

● 當你需要靈感時，通常你會去台北的什麼
　地方、做什麼事？
　到咖啡廳讀雜誌。

● 當你心情不好的時候會去台北的什麼地方
　放鬆、轉換心情？
　買蛋糕回家吃。

● 請和我分享你喜歡的地方
　Wooloomooloo 信義店、天香回味。

● 你最喜歡的台北在地美食是？
　魯肉飯。

● 假日的時候你通常都做些什麼呢？
　跟小孩玩。

● 除了台北外，你最喜歡的台灣的哪個城市？
　花蓮。

# A ROOM MODEL

還有很多皮夾與包包

這是一間專營 70 至 80 年代的古著及 remodel 衣服的
服飾店。請在這裡找到 One of a kind 的逸品吧!而且
不只是衣服而已,包包及配件的種類也都非常多樣化。

Â

ROOM
MODEL

台北市大安區敦化南路 1 段 161 巷 6 號 2 樓
http://aroommodel.tumblr.com

# Everyday ware & co

同樣是由「A ROOM MODEL」老闆成立的生活雜貨小店，店內有 Amabro 食器及歐洲軍用物品等多方精心挑選的商品。我還一見鍾情台灣設計師品牌「只是 ZISHI」的碟子。

← 台灣藝術家「只是」的作品 老虎玩滑雪板！

VOID WATCH

貝雷帽 & 襪子

剛硬的金屬收納盒

Fire-King 的馬克杯

以 Google 翻譯溝通

還有許多小地毯

EVERY [DAY] WARE & CO.

台北市中山區中山北路二段 20 巷 25 號 2 樓
http://www.everydayware.com.tw

# 小器生活道具

「小器生活道具」是一間專營日本雜貨的複合式精品店，是一間整個都是聚集了絕美商品，讓人彷彿置身在日本感覺的店家。原創的「+t」系列杯子及調味料等也都適合當作伴手禮。附近還有小器食堂、藝廊、梅酒專賣店、料理教室等許多商店，散步時都會想繞道駐足停留。

原創水果玻璃杯

小器

香油

花生油

黑芝蔴

調味料,茶的包裝
都很漂亮

台北市大同區赤峰街 29 號
http://www.facebook.com/thexiaoqi

# 小器食堂

這是一間座落於建成公園對面的日本料理店，隔壁就是專營日本生活雜貨的小器。生意好到就連平日開店前就會造成排隊的人潮。我點的是期間限定的秋刀魚定食。不僅已去除魚骨，表面也用噴槍炙燒過了，就連在日本也不曾吃過這樣如此美味的秋刀魚定食！好感動。連日式豆腐沙拉及佃煮等附餐也都口味清淡，有助腸胃。所有的食物也都用美麗的器皿裝盛著，光用看的就覺得非常美味。

開始營業前就有顧客排隊

日本會上一整隻魚

店員穿著條紋襯衫

完全沒有魚刺！ 善良！

秋刀魚定食

秋刀魚以瓦斯槍烘烤

台北市大同區赤峰街 27 號
https://www.facebook.com/xqplusk

# DE STIJL

## 識得二十世紀經典設計飾品

這是一間專營 19 至 20 世紀歐洲及美國的仿舊珠寶飾品店，聽說都是由老闆親自挑選帶回來的飾品。光是看這些從來沒有看過、獨特且精心挑選的飾品就感覺很幸福！老闆親自設計的內部裝潢風格也很絕妙！

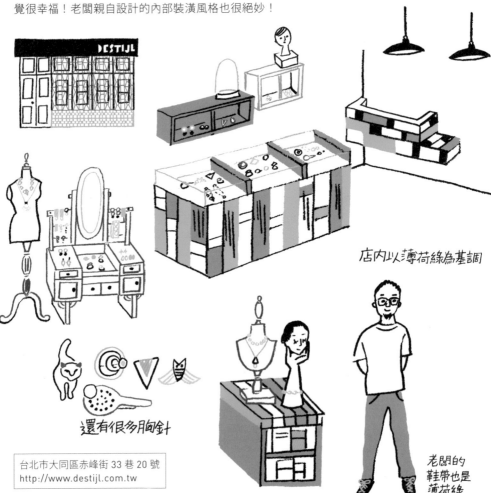

店內以薄荷綠為基調

還有很多胸針

老闆的鞋帶也是薄荷綠

台北市大同區赤峰街 33 巷 20 號
http://www.destijl.com.tw

# Bambino village

這是一間 2015 年 2 月成立的客製化自行車店兼古著店。
從日本拜師學藝歸國的店主會加入一些個人喜好，幫你客
製一台連細部都很帥氣的原創自行車。而店內陳列的古著
則是歐洲、日本、香港的商品。還記得當時我去的時候，
店內也都是依些時尚、會打扮的客人。

傳統腳踏車超有型的！

非常喜歡
自行車的老闆

也有製作傳統服飾的專櫃

以及訂製的腳踏車

收集了許多與
腳踏車有
關的小東西

台北市承德路一段 69 巷 30 號
https://www.facebook.com/Bambinovillge/

# 古道具 delicate

這是一間由前音樂製作人開設專營收集古道具及古董的店。房子的三角屋頂非常吸引人！我能從老闆親自從日本或歐洲買來的東西裡，感受到物品背後的故事。店內的擺設方式也很棒。

美麗的空間

提供茶水

台北市大安區嘉興街 346 號
https://www.facebook.com/AntiqueDelicate/

古道具 delicate 負責人

# Jin Chen 陳啟樂

Jin 打從 22 歲起，就對老東西產生興趣，進而開始收集。之後收藏達到相當程度的量，家中再也放不下了，於是他決定開店。他決定開店還有另一個原因——他喜愛美的事物，但台灣還有許多人不了解老東西的美。因此他希望透過這間店，讓更多人了解老東西的美。

他一年會出國選購商品數次，店裡陳列了許多來自日本、法國、比利時、英國的古董。據說選購商品時，他總是相信自己的直覺。想必一定是因為 Jin 的眼光精準，因此雖然店裡的商品來自世界各國，陳列起來卻不會突兀，感覺十分協調。

事實上，Jin 還是一名音樂製作人、作曲人，我對他越來越好奇了。

● 你在台北從事的職業是？
經營雜貨店。

● 你在台北從事的職業是？
古道具 delicate、香色的創辦人。

● 你的出生地是？
台北。

● 你在台北居住了多久時間？
30 年。

● 對你來說台北是個什麼樣的地方？
對我來說，台北是最有歸屬感的地方。

● 請用一到兩個單字來形容台北
舒服、方便。

● 當你需要靈感時，通常你會去台北的什麼
地方、做什麼事？
我會去一間叫雪可屋的咖啡廳看書、看雜
誌、上網或什麼都不做，只是發呆。
去 boven 雜誌圖書館也是我擷取靈感的
重要地方。

● 當你心情不好的時候會去台北的什麼地方
放鬆、轉換心情？
我會去長春電影院看電影。

● 請和我分享你喜歡的地方
雪可屋、長春電影院、亞典書局、
Boven、香色、古道具 delicate。

● 你最喜歡的台北在地美食是？
位於香色附近的廣東汕頭四神湯和赤峰街
的阿田麵。

● 你會建議外國人在台北做些什麼呢？
闖紅燈、逛迪化街、泡野溪溫泉和逛故宮。

● 假日的時候你通常都做些什麼呢？
吃 brunch、去咖啡廳、看電影和看書。

● 除了台北外，你最喜歡的台灣的哪個城市？
台南。

# Mistymint

「Mistymint」是幾年前在中山路上偶然發現的小店，裡面有許多不曾看過而且比較有設計感的衣服。我會遇見台灣設計師品牌的服裝也是在這間店，所以我每次來台北時都一定會過來看看。

也是老闆的
RiverKuo
他也是藝術家

還有RIVER自己的作品

充滿個性的設計十

也是老闆的
JUSTIN

台北市赤峰街 41 巷 10 號 1 樓
https://www.facebook.com/mistymint-333990380586/

充滿個性的顧客

# Nettle Plants

「Nettle Plants」是峯貴子小姐成立的花店,位於赤峰街 28 小器的 1 樓。店內有許多是峯小姐用她獨到的眼光精選的多肉植物及獨特的花。若想找比較不一樣感覺的花,那我肯定會想來這裡,而且樓上也有開設工作坊教授課程!

工作坊用的乾燥花

有很多充滿個性的植物

NETTLE PLANTS

台北市大同區赤峰街 28 巷 3 號 1 樓(赤峰 28)
https://www.facebook.com/floristnettleplants

# 少少原始感覺研究室
## Colors of Memory

siuɕiu
原始感覺研究室

林木非常壯觀！不愧是亞熱帶

與自然融為一體的美麗建築

沉浸於風聲與林木香氣之中

從窗外看出去都是綠意

貴子小姐為我們說明色彩等資訊

淡綠色洋裝很適合她

「少少原始感覺研究室」座落於台北郊區山中，有種孤立、獨一無二感覺的展演空間。充滿香氣的工作坊會舉辦音樂會或美食交流等活動。由知名建築事務所「自然洋行建築事務所（Divooe Zein Architects）」操刀設計，深受國內外的高度注視。光在這個融合於自然環境中的建築就能感覺到心靈被淨化的氛圍。（提醒：只有展演期間才可入場）

芳療講師

記住自己喜愛的香氣再調配專屬組合

緞帶

玻璃器皿

← 色票 做為色彩的參考

木湯匙

桌面撒著乾燥花 ♥

完成了！

繽紛的乾燥花 光是看著就覺得很幸福

最後享用下午茶

「Colors of Memory」是峯貴子小姐在「少少原始感覺研究室」所舉辦的芳療課程。以記憶顏色為主題描繪自己的回憶，再以乾燥花調配專屬的擴香瓶。而且工作坊還會貼心地準備色卡，讓我們學習顏色的調配。

首先會選擇和各自描繪的回憶相近顏色的乾燥花放進玻璃皿中。完成後會移至別的房間，由芳療老師教授精油的調配，而且使用的還是有機的高級精油，味道非常的出色、高雅！可依自己喜歡的味道調香。芳療療癒後，再品嚐一份精緻的美味蛋糕及花茶即課程結束。

貴子小姐不定期的會舉辦各式各樣的課程，詳情請參閱以下臉書粉絲團。
https://www.facebook.com/floristnettleplants/
http://www.siusiu.tw

「Nettele Plant」 負責人

## 嶺貴子 Takako Mine

來自日本東京的嶺小姐是在發生震災後才舉家
移居台北的。據說在那之前完全沒有造訪過台
灣的她是受到台灣友人的建議下才決定開始居
住看看。她覺得台灣人非常友善，天氣也很穩
定，而且比起在東京的生活，據說她更喜歡這
裡彷彿讓人忘記時間流逝的感覺，因而平順地
融入了台北的生活。她還說台灣人最吸引人的
地方就是他們依然保有最近日本人逐漸忘記的
心地善良。

曾在東京一間複合式精品店的家飾部門工作過
的嶺小姐某天接到曾來台北遊玩的日本友人委
託她製作要帶去展覽會的捧花。據說小器的老
闆看上那個捧花後就開始會委託她一些工作。
加上之後也是貴人不斷才於赤峰街開設了花

店。雖然嶺小姐總是嘲笑自己是來台灣後才有
貴人運，但我認為那是她本人的好性格所致。
剛開幕時大多是以粉紅色的玫瑰花或滿天星等
比較偏可愛的花為主流，但最近大家似乎變
得較能接受嶺小姐獨特的品味（例如黑色的
花）。課程上不單只是插花，也有教授如何將
花等元素加入日常生活的漫步生活提案、及花
束包裝等方法。

雖然我和嶺小姐是初次見面，但不知道為什麼
總有一種似曾相似的感覺，後來查明才知道原
來我們有一位共同的朋友就是我同期在美國紐
約的友人。雖然自己這樣講也很怪，但這也是
一種緣份吧！

Takako Mine

● 你在台北從事的職業是？
花店

● 你的出生地為？
東京

● 你在台北居住了多久時間？
四年

● 是什麼原因讓你來到台北生活？
東日本大震災

● 對你來說台北是個什麼樣的地方？
人們很認真、踏實的地方。

● 請用一到兩個單字來形容台北
方便、小而美（距離海邊、山上都很近，
可以一早送小孩上學、去山上走走再去
工作）。

● 當你需要靈感時，通常你會去台北的什麼
地方、做什麼事？
我會去山上。台灣的素材很特別，原本就
存在於這片土地上的事物很有趣。

● 當你心情不好的時候會去台北的什麼地方
放鬆、轉換心情？
我會去泡溫泉。（因為二月一直下雨，我
會變得很憂鬱，所以甚至會回日本）。

● 請和我分享你喜歡的地方
伊通街。（近兩年多了許多感覺很棒的咖啡
館與其他店家。不過還是很安靜，這一點我
也很喜歡）。

● 你最喜歡的台北在地美食是？
鹹豆漿

● 你會建議台灣人在台北做些什麼呢？
少少原始感覺研究室，滿是台北植物的畫
廊，國外的創意工作者也很喜歡這裡

● 你會建議日本人在台北做些什麼呢？
台灣式洗髮、寧夏夜市。

● 除了台北外，你最喜歡的台灣的哪個城市？
台東（很原始的地方。大海很美，可以感
受到自然的力量，同時也是亞洲第一的衝
浪地點）。

# THE TOWN CRIER

THE TOWN CRIER 的個性裝潢讓我一瞬間忘了自己身處在哪一個
國家。老闆是情侶檔的 Luke 和 Paoya，店內陳列的都是他們到世
界各地旅行時，實際用過，然後感覺不錯而精心挑選的商品。他們
還跟我說明了關於商品的小故事後，我也能想像那位創作者的樣子，
反而更增添了一股樂趣。

Owners
Paoya & Luke

獨特香氣的蠟燭

D.S & DURGA
來自布魯克林的香水

暖爐的香氣

185 DISEL

汽油的香氣

THE
TOWN
CRIER

台北市大安區樂利路 72 巷 15 號
http://www.toolstoliveby.com.tw

# Romis

這間店為原本是國中老師 Romis 所開設的服飾店，
店內有販售手作雜貨及好可愛的衣服。而且裡面還
有展示空間，例如舉辦工藝品作家的小型作品展等。

老闆Romis&
她的女兒澄澄

有很多穿起來應該很舒服的衣服

還有很多小物

台灣人創作的可愛杯子

ROMI'S

她總是和顧客
聊得很開心

台北市赤峰街 41 巷 10 號 1 樓
https://www.facebook.com/mistymint-333990380586/

Romis & 123bon 負責人

# 陳雅萍 Romis Chen

經日本友人介紹而認識的 Romis 是「Romis」跟「123bon」兩間服飾店的老闆。在經營服飾店之前，她可是一位國中老師呢！Romis 一開始只是想說可以和裁縫高手的婆婆一起做點什麼，於是開始委託婆婆製作一些自己設計的衣服。據說一切就是從兩人開始在夜市擺攤販賣合力完成的衣服當時，逐漸廣受好評的。

剛開始開店的前 4 年 Romis 是一邊當老師一邊賣衣服，直到找到現在的店舖才開始了真正的服飾店。接著，慢慢的店內除了手工服飾外，也開始賣起自己喜歡的自然材質的衣服。

據說現在不僅常客的人數漸趨增多，甚至有的還能每天見到面，真的覺得很開心。店內設置的展示空間也有在舉辦工藝作家的小型作品展。甚至，招牌小老闆娘 (Romis 的可愛女兒) 有時候也會出現在店裡唷！

每當我來台北玩時，Romis 的家人都會空出時間陪我。我真的每次都很感謝他們的待客之道！因為我很喜歡可愛的東西，所以想知道台北可愛小物的資訊時，找 Romis 就準沒錯的喔！

RomisChen

● 你在台北從事的職業是？
服飾業店主（「romis」&「123bon」）

● 你的出生地為？
台灣桃園

● 你在台北居住了多久時間？
17 年

● 什麼原因讓你來到台北生活？
因為男朋友住台北，所以來台北找工作。
本來在深坑的一所學校擔任老師，後來結
婚於是定居台北永和。

● 對你來說台北是個什麼樣的地方？
矛盾的地方，進步又落後、熱鬧又孤寂、
多元又單調、新穎又陳舊。

● 請用一到兩個單字來形容台北
不成熟但元氣十足

● 當你需要靈感時，通常你會去台北的什麼
地方、做什麼事？
去迪化街永樂市場買布料、北美館觀展、
大佳河濱公園散步騎腳踏車、看舞台劇。

● 當你心情不好的時候會去台北的什麼地方
放鬆、轉換心情？
到石碇觀魚步道爬山，公館 Flugel
Studio 吃甜點放空。

● 你最喜歡的台北在地美食是？
永和豆漿、七二牛肉麵

● 假日的時候你通常都做些什麼呢？
河濱散步、放空逛書店、吃美食、陪女兒玩

● 能不能和我分享你的祕密景點？
Flugel Studio 甜點 Cafe、陽春咖啡館

● 除了台北外，你最喜歡的台灣的哪個城市？
台南、花蓮、宜蘭和嘉義

# TOOLS to LIVEBY

喜愛文具的人，那一定要推薦這一間絕美的文具
店，來自世界各地外型美麗又實用的文具一應俱
全。而且「TOOLS to LIVEBY」的原創文具也很
可愛，適合當作伴手禮！

削鉛筆機·
我每天都會使用

印章區

陳列也很棒

有很多可愛的紀念印章

忍不住買很多的原創托特包

原創文具都好精緻

台北市大安區樂利路 72 巷 15 號
http://www.toolstoliveby.com.tw

ADC Studio Director /
TOOLS to LIVEBY 創辦人

## Karen Yang

幾年前，台灣《ELLE》的編輯推薦我這間優質文具店 TOOLS to LIVEBY。老闆 Karen 從以前就一直很喜歡文具，所以到歐洲或美國、日本等地旅行時都會收集在那裡遇見的優質文具。很可惜的是當時那些文具都是無法在台北入手的東西，也沒有進口這些優質文具的店家。據說他就是想說既然這樣的話，不如我們自己來進口看看吧！而於 2012 年 12 月設立了這間文具店。

TOOLS to LIVEBY 的理念是「改變桌上的風景」，提昇生活的品外從每天會用到的文具讓生活開始，每天帶著辛福的心情進行工作。從世界各地收集來的文具大多是歷史悠久的東西。TOOLS to LIVEBY 的原創文具不僅好用，設計也變時尚流行，所以我常常買來當作伴手禮送給朋友。

我長久以來一直很想知道設立這間優質文具店的老闆是一位怎樣的人。這次終於有幸見到 Karen 本人，果然不出我所料就跟我想的一樣，她是一位優雅、幹練的女性。

Karen Yang

● 你在台北從事的職業是？
ADC Studio 總監（一家設計公司）

● 你的出生地為？
高雄。

● 你在台北居住了多久時間？
17 年。

● 是什麼原因讓你來到台北生活？
是因為到一家有規模的廣告公司上班

● 對你來說台北是個什麼樣的地方？
台北是個有趣的城市，生活起來舒適方便，資訊迅速的好地方。

● 請用一到兩個單字來形容台北
舒適，輕鬆。（Cozy & Easy）

● 當你需要靈感時，通常你會去台北的什麼地方、做什麼事？
大多時候我看雜誌或書或是上網找尋資料。

● 當你心情不好的時候會去台北的什麼地方放鬆、轉換心情？
回家。我會為自己沖一壺好茶，聽自己喜歡的音樂，然後和我的貓一起睡個好覺。在一覺好眠之後，我總是得到滿滿的正能量，然後也找到好方法來解決問題。

● 請和我分享你喜歡的地方。
大部分我都待在台北到處走走。有時候我會花一個下午去大稻埕走路閒晃，因為那裡是一個新舊文化同時存在的區域。

● 你最喜歡的台北在地美食是？
我非常推薦寧夏夜市，記得跟在地人一起去。山海樓餐廳是另一個在地美食的好選擇。我也推薦台灣的水果，甜美多汁，非常好吃。

● 如果你有朋友從國外來，你會帶他去哪裡呢？
我會看朋友的喜好，但大多時候會帶他們去一些有趣的店和餐廳。

● 除了台北外，你最喜歡的台灣的哪個城市？
由於比較少時間好好的了解其他城市，如果休假有空，喜歡回高雄與家人團聚，旅遊的話則第一個想到台南。有機會想去花東多走走。

# Fujin Tree355 / Fujin Tree 352 HOME

在充滿綠意的富錦街上，Fujin Group 的咖啡館、生活雜貨用品店、選品店、花店、飯館、按摩店等店家連綿約 800 公尺，期待顧客從一早起來到晚上就寢之前，都可以在富錦街喜悅而悠閒地度過。在 Fujin Tree 各店提供的特製地圖上，還介紹了許多非 Fujin Group 經營的鄰近店家。

日日辣油
原創辣油
檸檬葉的
香氣濃郁，
很好吃

Fujin Tree 352

這一排都是
鄭老師的衣服

Fujin
Tree
355

巧遇老闆
她是位很
棒的人

Vita Yang
手繪插畫
（很可惜，
重新裝潢
後已經沒有了）

JOURNAL Standard FURNITURE

FUJIN TREE 352

當時有 Kakimori
（日本藏前很
受歡迎的文具店）
的快閃店

Kakimori × Fujin Tree 限定墨水

玻璃筆

M+的皮製筆盒

這是 PAPIER TIGRE 的文具

Hf&n

美麗的杯子

目前雜貨在新店舖
have a nice …… 429 販售
（富錦街479號）

Fujin Tree355｜台北市松山區富錦街 355 號｜http://www.fujintree355.com
Fujin Tree 352 HOME｜台北市松山區富錦街 352 號 1 樓

# Fujin Tree 353 CAFÉ

位於「Fujin Tree 355」旁的咖啡廳。大大的玻璃窗面對
向著道路，大量的陽光照射進來。平靜的氣氛中，可單手
拿著素描本悠閒的過一天。是在富錦街逛完讓人想順道再
去買東西回家的一家店。

小狗感覺也很舒服

抹茶蛋糕捲

咖啡以chemex
手沖咖啡濾壺製作

iki BEER
生きビール
柚子和綠茶啤酒

iki
BEER
生

坐在陽台座位可以享受眼前的富錦街林木

Fujin Tree

CAFE
By Simple Kaffa

發現
我的
朋友！

m+
村上先生広雅所設計
製作的皮革品牌

台北市富錦街 353 號

## Dayday Chen & Carol Chen

Dayday 跟 Carol 都是土生土長的台北人。
Dayday 日文很流利，用詞都比我還客氣、有
禮貌……。Carol 是一位會說英語及德語的雙
語女孩，兩位都是極為有個性的女生。

Dayday 的老家就在富錦街附近。這個區域綠
意盎然，是一個可以放鬆，自在散步的地方。
約 800 公尺的街道上連著咖啡廳、雜貨店、
服飾店、花店、餐廳等商店。這 3 年內增加了
各式各樣的店家。餐廳的種類也有生蠔及香檳
屋酒吧、摩登台灣料理等各種選擇。這裡讓我
喜歡到每天都好想來走訪呀！

聽說她們公司 Fujin Tree Group 正在提倡從
起床到就寢前，只要在富錦街就可以開心且悠
閒地渡過一整天的生活風格。在富錦樹各店發
的特製地圖中，也有收錄其集團以外附近推薦
的場所。

- 你的出生地為？
  台北

- 你在台北居住了多久時間？
  從出生就一直居住在這裡

- 請用一到兩個單字來形容台北？
  不斷的變化、隨心所欲的地方。令人懷念的自我城市。

- 當你需要靈感時，通常你會去台北的什麼地方、做什麼事？
  Dayday：跳蚤市場、菜市場、郊外美麗的街道、鶯歌陶藝街
  carol：鶯歌陶藝街

- 當你心情不好的時候會去台北的什麼地方放鬆、轉換心情？
  Dayday：我會在出生長大的富錦街閒晃，在公園觀察人們。與當地的年長者聊天。
  Carol：大安森林公園

- 請和我分享你喜歡的地方
  富錦街，從早到晚都能玩得愉快。三民路的早市從 6:00 開始，夜市則是晚上 7:30 開始。

- 假日的時候你通常都做些什麼呢？
  Dayday：在家與狗渡過
  Carol：公園

- 你最喜歡的台北在地美食是？
  盛園小籠包

- 能不能和我分享你的祕密景點？
  Carol：自己居住的地區及青田街
  Dayday：泰順街、小慢

# 好氏研究室
## GOOD INSTITUTE STORE

這是一間附設咖啡廳的生活雜貨小店。樸素中性
的精選商品很帥氣！店內也有許多綠色植物，營
造平靜的氣氛。剛好位於轉角處，所以光線佳。
陽光使人心情愉悅，攜帶狗兒的客人也讓人會心
一笑。

檸檬水放在量杯

假牙也能做為首飾?

鼠尾草棒
（可以用來驅邪）

耳朵胸針

手指鍊墜

店內滿是綠意!

外頭有一排世界時鐘

標本文鎮

還有顧客帶著小狗

美麗的
咖啡
濾杯

研究室般的陳列

台北市大安區溫州街 48 巷 22 號 1 樓
http://www.goodstudio.net

「好氏品牌研究室」合夥人 /《TAIPEI POST》創辦人

# Van Chen

不同於神秘冷酷的外表，Van 先生其實是一位慢步調且相當有禮貌的人。他不但能夠設計品牌和包裝，而且連室內裝潢到陳設也都一手包辦，同時也是好氏品牌研究室的老闆之一。店面是在兩年前開的，也就是在北京居住了四年之後回國的時候。跟變化快速的北京相比，他覺得不論是在哪一方面，台北都欠缺了外在的刺激。這樣的話，不如就從自己開始，做一些有趣的事情，於是開了這家店。

今年也開辦了《TAIPEI POST》月刊新聞，這是從介紹台北過去與現在不同之處為出發點所創辦的季刊。將平面設計師、服裝設計師、攝影師、影像藝術家等，採訪了居住在台北各領域的十位自由業者，並將採訪內容刊登在刊

物上。不只是觀光客，也希望將台北的魅力傳遞給此地的居民。

Van 先生很貼心的詳細解釋，比起生活步調快的東京，他更喜歡能靜靜感受緩慢步調，並且留下了許多傳統文物的京都。而身為日本人的我也是這麼覺得。

Van Chen

● 你在台北從事的職業是？
好氏品牌研究室合夥人 /
《TAIPEI POST》創辦人

● 你的出生地為？
台北

● 對你來說台北是個什麼樣的地方？
舒服但又不那麼刺激的城市

● 請用一到兩個單字來形容台北。
友善的

● 當你需要靈感時，通常你會去台北的什麼
地方、做什麼事？
在山裡面長時間散步

● 當你心情不好的時候會去台北的什麼地方
放鬆、轉換心情？
在家照顧花花草草，家裡有 100 多盆植物。

● 需要靈感時（畫廊、書店、博物館等等）
你都去什麼地方？
莽葛拾遺

● 你最喜歡的台北在地美食是？
水果和紅豆湯

● 你會建議外國人在台北做些什麼呢？
龍山寺 & 藥草街

● 假日的時候你通常都做些什麼呢？
一個人自己去逛花市

● 除了台北外，你最喜歡的台灣的哪個城市？
花蓮

# SIMPLE MARKET

SIMPLE MARKET 鄰近於台北 101。原是眷村的「四四南村」被列為歷史建築物予以保存。而於每週日舉辦的市集就是 SIMPLE MARKET。那裡不僅販賣台灣年輕設計師的手作品，也有新鮮的蔬菜。而且也有工藝品市集及農作物市集，甚至運氣好時，還能聽到現場 Live 演唱會！（我那時去的時候則是有依錚依靜的現場 live 演唱呢！）

可以將喜愛的字句打在明信片上

雙胞胎歌手依錚依靜的演出

一邊聽音樂一邊自拍的情侶

小狗也很沉醉

眷村文物館

攝影地點

Simple Market

有很多蔬菜

還有我從來沒有看過的蔬菜

皮革小物

拍攝婚紗照中

台北101
就在旁邊！

有很多
手作雜貨

小貓眼罩

原創印章

石栽 SIZAI
不是盆栽而是石栽

嘴唇面具

還有手作果醬

台北市信義區松勤街 54 號
http://www.streetvoice.com/goodchos/
http://www.simplelife.streetvoice.com/join/index.php

# Taipei Fashion

我對台灣的時尚界並不熟悉，聽說大部分的年輕設計師都必須靠自己的力量來開展示會。我覺得相當可惜的是，因為他們的發表會不太多，所以很難看到他們的作品。但就目前看過的展示會，我想介紹幾位覺得還不錯的設計師。

## if&n

● If&n

http://ifn.bigcartel.com

於 2012 年創立，設計師是蔡宜芬。以大自然為主題，製作出穿著舒適，款式簡單，線條俐落且充滿女人味的服裝。織品的設計不但花樣優美，而且帶有律動感。設計師本身也很可愛。

一見鐘情♥

## fu yue

● Fu yue

http://www.pou.tw

王舜民先生於 2012 年創立，男女皆適合的服裝品牌。活用倫敦的留學經驗，以老子提倡的「自然為美」為設計觀念，並且加入了各時期的服飾演進重點，發展出新的服裝概念。設計極為簡單但是帶有強烈衝突感。

ENVOL AVEC NG

● Envol Avec Ning

http://envolavecning.com

品牌名是 Envol Avec Ning，這代表了「跟 Ning 一起飛翔」的意思。享受快樂，不要忘記自己的夢想，並且勇於去追尋是他的創作理念。執著於異素材的組合，或是純色搭配花紋都十分有趣。而設計師邱美寧就像個可愛的洋娃娃。

張張
Chang Chang

● Chang chang 張張

http://www.changchang.tw

原本是數位設計師的張薇萱在義大利佛羅倫斯學習當代珠寶藝術後，於 2012 年創立本店。重視工藝精神的傳承，一點一滴都是手工製作的。簡單的造型當中加入了精緻的創新設計，希望能夠創作出帶有生命力的飾品。

NOTE

03

放鬆發現

咖啡館 ｜ SPA ｜ 旅館

# 眼鏡珈琲

這裡是「下北沢世代」Monique 常造訪的咖啡廳。雖
然空間不大，但卻是用木頭所營造的平靜空間。陽台的
座位可一覽無疑德安公園，讓人心曠神怡。甜甜圈形狀
的鬆餅吃起來蓬鬆 Q 彈，真美味！

陽台座位
可以看見
隔壁的公園，
很舒服！

眼鏡

鬆餅的形狀和甜甜圈一樣

冰抹茶

拿鐵也很好喝

台北市四維路 52 巷 6 號
http://coffeemegane.com

# 苔毛

這裡是我散步時偶然發現的咖啡廳。寬廣的店內是翻修古民家所呈現的空間。在店內也能看見正用筆電在工作的當地人，同時也是走累時可以休憩的場所。這裡是我每次來台北遊玩時必訪的地方。咖啡及中國茶、甜點也都很美味。

還有人在工作

水果乾
←

台灣茶組合
我想要這個茶壺！

檸檬蛋糕
濕潤而美味

苔毛

小哥在面向中庭的陽台座位閱讀
↓

我在這裡稍事休息，
一會兒素描一會兒
回顧並筆記一天的行程

台北市大安區嘉興街 345 號 | http://www.taimocafe.com

# GOOD MAN ROASTER

這裡是來自日本東京的伊藤先生所開設的咖啡廳。完全不使用農藥或
化學肥料，而且從栽種到收成都是全手工作業。烘豆也是完全出自於
伊藤先生之手。若想品嘗美味的台灣咖啡，這裡就是極佳的選擇。

可以試聞咖啡豆的香氣

GOODMAN
ROASTER
BY ALISAN COFFEE

一杯一杯
地細心製作

原創商品也很可愛

店內裝潢非常簡潔

整排的原創商品

可愛的馬克杯

阿里山咖啡

烘焙機擺
在店內的角落
全部的咖啡豆
都在這裡烘焙

咖啡糖漿
還可以淋在冰淇淋上♡

好看又好喝的
咖啡

● GOODMAN Break Counter ｜台北市信義區菸廠路 88 號松菸誠品 2 樓 EXPO ● GOODMAN ROASTER ｜台北市天玉街 110 號 ● GOODMANS 芝山店｜台北市德行西路 38 號 ● 松山店｜台北市市民大道七段 8 號 ● http://goodman-company.com

GOODMAN COFFEE 負責人

## 伊藤篤臣 Atsuomi Ito

來自日本東京的伊藤是一位擁有在日本咖啡廳及咖啡烘焙專門店工作經驗的咖啡專家。在一次來旅行當中,他深深的被台灣阿里山的咖啡吸引而選擇了移居台灣。據說 4 年前,在完全不懂中文的狀態下,透過筆談或翻譯就開始了和咖啡農的交涉。

希望讓更多人的知道品質好又美味的阿里山咖啡而自己親自到各處去販售的伊藤,如同店名 GOODMAN,雖然他總是一派輕鬆的談論他至今為止的那些創業經驗,但我覺得其實要踏上那條路是何等的辛苦呀!GOODMAN COFFEE 現已是在誠品松山及天母皆有設點的人氣咖啡廳,而且好丘、VVG 的咖啡廳也都是伊藤旗下的店舖。

GOODMAN COFFEE 一概不使用農藥及化學肥料,而且從栽種到收成都是進行全手工的作業方式。加上,他也非常的講究產品包裝,希望將其設計成有男人味帥氣的感覺,還因此委託了跟他從小一起長大的設計師幫商品操刀設計。據說還因為當時的台灣尚未有過類似這樣酷酷的設計而掀起了一陣話題。

伊藤說台北是一座讓他成長的城市。他還笑著對我說,總有一天還要進軍香港及東京。我非常期待他們接下來的發展。

Atsuomi Ito

● 你的出生地為？
東京

● 你在台北居住了多久時間？
4 年多

● 是什麼原因讓你來到台北生活？
因為深受阿里山咖啡的魅力，還有，想在
台灣開設店鋪。

● 對你來說台北是個什麼樣的地方？
這裡是一個挑戰的地方，這裡是一個讓我
成長的地方。

● 請用一到兩個單字來形容台北？
充滿夢想、動力和幹勁

● 當你心情不好的時候會去台北的什麼地方
放鬆、轉換心情？
煮咖啡。烘豆。

● 請和我分享你喜歡的地方
溫州街，有老房子和很多樹木。

● 如果你有朋友從國外來，你會帶他去哪裡呢？
吃熱炒、逛夜市、腳底按摩和 VVG

● 假日的時候你通常都做些什麼呢？
沒有休息！重視與兒子相處的時間，我們
會一起出門去玩樂。

● 你最喜歡的台北在地美食是？
魯肉飯

● 能不能和我分享你的祕密景點？
拉麵 Nagi。（台北分店比日本的更美味！）

● 除了台北外，你最喜歡的台灣的哪個城市？
台南。（喜歡台南慢活的感覺）

# 八拾捌茶輪番所

這是一間在西門町附近的萬華406廣場，翻修日治時代的日本老宅的品茗所。可以在這高挑的天花板及寬廣的塌塌米空間細細品嘗台灣茶，而且店家還會細心的教導我們泡茶的方式。嚴選原住民的好茶，及令人印象深刻日式甜點，是咖哩口味的喔。

几拾捌茶

芝麻酥餅與
咖哩酥
甜甜甘鹹鹹的
咖哩餡

原住民的香料茶
馬告烏、
打那烏龍
十分強烈的口味

茶海

茶杯
很小

蓋碗

我和插畫家的
朋友A一起前往

店裡的人很親切地指導我們如何品茗方式

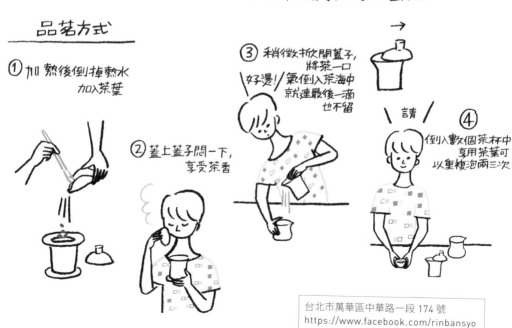

## 品茗方式

① 加熱後倒掉熱水
加入茶葉

② 蓋上蓋子悶一下,
享受茶香

③ 稍微掀開蓋子,
將茶一口
好燙! 氣倒入茶海中
就連最後一滴
也不留

＼ 請 ／

④ 倒入數個茶杯中
享用茶葉可
以重複泡兩三次

台北市萬華區中華路一段 174 號
https://www.facebook.com/rinbansyo

# 好、丘

位於四四南村遺跡某一角的好、丘是專營咖啡廳和台灣製造的調味料及
雜貨的店家。店內的咖啡廳是以貝果著名。雜貨店的商品則都是連包
裝也很絕美的東西，所以很適合作為伴手禮。我會在逛完週日舉辦的
SIMPLE MARKET 後順道繞去看看。

藍莓果醬

貝果很受歡迎

好丘
GOOD CHO'S

豪野鴨胸貝果堡
鴨胸貝果三明治
和梨子一起吃十分美味

白木耳露
枸杞與木耳的飲品。

原汁牛肉乾
黑田莉子

牛肉乾乾

黃金鵝香辣油
以我鳥油製作的辣油

琅茶

也可以在架高的座位上放鬆

眷村炸醬
拌乾麵用
的醬汁

花椒醬

有很多
Made in 台灣的
食品與雜貨
十分適合買來送人

台北市信義區松勤街 54 號
https://www.facebook.com/goodchos

# 補時 Stoppage Time

這裡是 Peiling 曾帶我來過的咖啡廳。簡約的裝潢，及牆壁上那令人印象深刻的 2D 立體裝飾。然後，甜點也看起來很美味。

焦糖洋梨吐司
焦糖奶油與洋梨的吐司

補時 stoppage time

牆上
有獨特的
裝飾布

全世界的女孩都喜歡
討論相同的話題
我們聊得非常開心

台北市大安區和平東路二段 96 巷 15 弄 30 號一樓
https://www.facebook.com/stoppagetimecafe/

# 吉印

從昏暗的老舊公寓樓梯爬上二樓，打開沉重的門之後，裡面是充滿復古氛圍的咖啡廳。與其說是咖啡廳，我覺得咖啡館更加適合它，在裡面可感受到濃濃的復古氣氛。家具是 70 年，80 年代的，在店內可以享受安靜悠閒的時光。我品嘗了鳳梨磅蛋糕以及台東的烏龍茶，聽說咖啡都是老闆親手沖泡的。

小心翼翼地開門……

吉印

有很多小裹舊的家具

台東鹿野紅寶石
台東的烏龍茶
鳳梨磅蛋糕

台北市信義區忠孝東路五段 492 巷 14 號 2 樓
https://www.facebook.com/jiyinn/

# 沐鴉咖啡

這是一間於 2014 年開幕的既性格且安靜、非常舒適的咖啡廳。寬廣的空間內擺設了簡約且帥氣的家具。桌子與桌子之間也有隔開，所以可以不用太在意周遭，可以完全沉浸在自己的世界。最棒的莫過於 2 位喜歡音樂的老闆收藏 CD 所用的架子。

沐鴉

CafeLatte

所有的蛋糕
都看起好好吃

座位寬尚

窗邊座位的
採光很美

還有人在工作

老闆喜愛的CD

台北市伊通街 19 巷 8 號
https://www.facebook.com/mooyacafe

## Aannie  Hsieh

曾於學生時代在師大人氣咖啡店「MO ！ Relax」及「Café Kafka」打工過的 Aannie， 在大學畢業後歷經美國留學、設計及在服裝公司工作的經驗後，跟「MO ！ Relax」老闆 Travis 於 2014 年合開了沐鴉咖啡。

兩位老闆都非常喜歡音樂，因此當初開設的重點就是設計一個能存放兩人大量 CD 的空間，還要有乾淨且簡單的家俱，這裡呈現的感覺就如同笑起來總是很酷的 Aannie 所想像的地方。

*Aannie Hsieh*

● 你的出生地為？

台北。

● 請用一到兩個單字來形容台北？

複雜（台北外來人口很多）、違和的性格。

● 當你需要靈感時，通常你會去台北的什麼
地方、做什麼事？

看電影、逛唱片行。

● 當你心情不好的時候會去台北的什麼地方
放鬆、轉換心情？

去按摩（大推通化街附近的按摩店家）、
指甲美容沙龍。

● 你最喜歡的台北在地美食是？

粉圓和刨冰。

● 你會建議日本人在台北做些什麼呢？

可以多坐計程車到喜歡的地方（車錢比日
本便宜許多）、騎腳踏車比走路更推薦。

● 假日的時候你通常都做些什麼呢？

健身房、書店、唱片行和其他家咖啡店。

● 能不能和我分享你的祕密景點？

基隆和平島。（是媽媽的出生地，遊客不
會太多）。

● 除了台北外，你最喜歡的台灣的哪個城市？

高雄。

# 學校咖啡館 Ecole café

這是一間位於青田街的咖啡廳，也是「台北野餐俱樂部」的主辦人 Dave 常去的店。店內給人的印象是明亮且平靜的空間。花草茶無論是在外觀或是味道也都美味的無可挑剔。週末時也會舉辦現場 Live 演唱等。

也有販售雜貨

'ECOLE

將切細的水果放進杯中
水果茶

台北市大安區青田街一巷 6 號
http://ecole-cafe.blogspot.jp

迎接顧客的是旋轉木馬的馬兒

# 罐子書館 當代分館

這是一間位在「台北當代藝術館」（MOCA）裡面的咖啡廳。店內的空間高挑加上黃色的牆壁，營造出一種明亮的氛圍。店內有咖啡、新鮮果汁、台灣茶等各種飲品，及雜貨。我在 MOCA 回家途中常為了冷靜一下腦袋而造訪了不少次。新鮮奇異果汁滲透了已經走累的身軀。

放了很多書

保留顆粒的奇異果汁很適合身體疲倦時飲用！

罐子書館

也有販售雜貨

台北市長安西路 39 號 MOCA 內
https://www.facebook.com/CANSBOOKART

# 8%ice 冰淇淋專門店

穿過永康街的 ICE MONSTER 後，8%ice 冰淇淋專門店佇立在隱密
處。八丁味噌與柚子、玫瑰水與水蜜桃、紅酒和抹茶等與眾不同的口
味，令人覺得有趣。

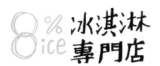

冰淇淋裝在
花瓣形狀的
甜筒餅乾裡

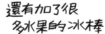

還有加了很
多水果的冰棒

← 點點的
杯子很可愛

蜂蜜焙茶

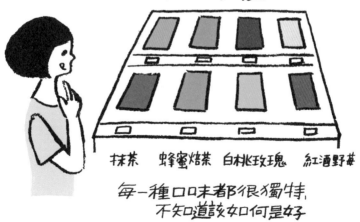

抹茶柚子　八丁味噌　芝麻

抹茶　蜂蜜焙茶　白桃玫瑰　紅酒野莓

每一種口味都很獨特，
不知道該如何是好

台北市永康街 13 巷 6 號 1 樓
http://8-ice.blogspot.tw

# 千里行

由於店面寬廣，所以不用預約也可以輕鬆的光顧此店，令人覺得開心。還有裝潢時尚的腳底按摩空間以及營造放鬆氣氛的全身按摩私人空間。當走路走到疲憊時，不妨進去店裡將一天的疲累消除吧！

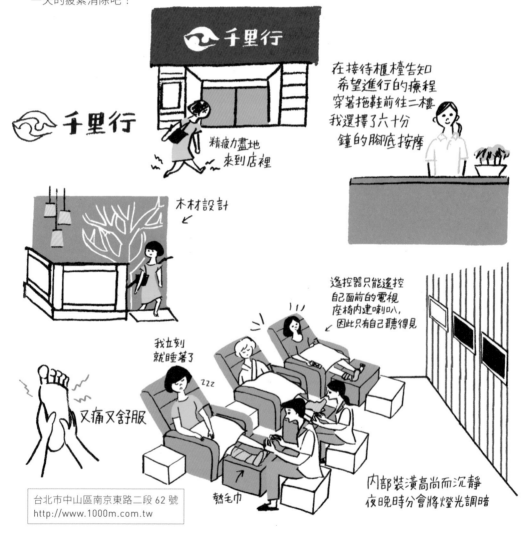

台北市中山區南京東路二段 62 號
http://www.1000m.com.tw

# Villa.like

## 悅禾莊園 SPA 中山會館

台灣友人推薦給我的泰式按摩店。不管是芳療油
壓還是泰式古法舒壓，都會細心地為客人服務。
這家按摩店的營業時間到凌晨三點，逛了一整天
之後，回旅館前來這裡可以消除疲勞。平穩安靜
的空間加上用力推壓的感覺真是太棒了。

走得好累…

首先在前廳喝一杯茶

呼…

足浴

魚

Villa.like

竟然是T字紙
內褲！

這是我
第一次穿T字褲
而且還是
紙內褲…

這樣嗎？這樣嗎？這樣嗎？

ONLY
This ♥

對方請我
換上這個♥…

又沒有浴巾,
我穿著
一條內褲要
怎麼等呢？

精油可以選擇

結果我決定趴著
不過屁股整
個露出來了(啊!)

美容師林婧小姐很有力
仔細地按摩屁股！
我在又痛又舒服的情況下睡著了
起來之後覺得神清氣爽！

最後還有茶和餅乾

← 使用電熱毯所以很溫暖

台北市中山北路一段 97 號
http://www.villa-like.com.tw

# 沐蘭 SPA regent taipei

我第一次去光顧台北晶華酒店的 SPA 是受到「若去台北就一定要去台北晶華酒店的 SPA」之很有女人味的友人所推薦的。我騎著 Slider Bike 去飯店,一位溫柔的禮賓員前來迎接。我看到寄放高級轎車旁竟有寄放腳踏車,真是不可思議。

沐蘭 SPA 位於台北晶華飯店頂樓,是擁有台北第一寬敞美名的 SPA。一人房比我在日本居住的房間還要大,例如偌大的衣帽間、專用洗手間、浴缸、甚至桑拿等完善的設備,在這段時間裡我可以一人用。深木頭色及米黃色為基調的沉穩裝潢。房

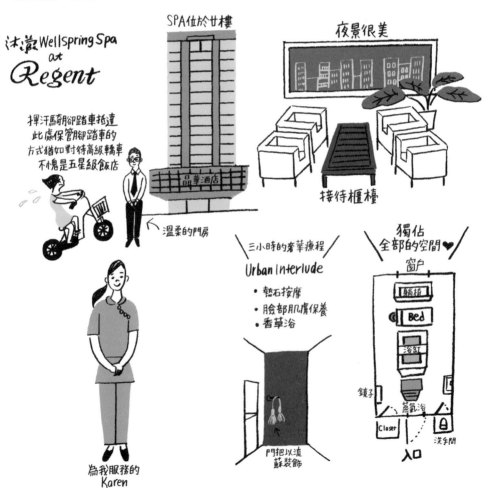

沐嵐 Wellspring Spa at Regent

揮汗騎御腳踏車抵達
此處保管御腳踏車的
方式猶如對待高級轎車
不愧是五星級飯店

溫柔的門房

SPA位於廿樓

晶華酒店

夜景很美

接待櫃檯

三小時的奢華療程
Urban Interlude
• 熱石按摩
• 臉部肌膚保養
• 香草浴

門把以流蘇裝飾

獨佔全部的空間♥
窗戶
轎椅
Bed
浴缸
鏡子
蒸氣浴
Closer
洗手間
入口

為我服務的 Karen

## 1. Aromatic Steam
首先是蒸氣浴

## 2 Foot Bath
三溫暖後的足浴

外面是夜景

花瓣漂在水面上

全身暖呼呼地，好舒服！

手上放著石頭

透過床上的洞可以看見
下方放著一個
花瓣浮在水面上的

利用這個暖身

## 3 Warm Stone Massage
以溫熱的天然石按摩全身

間裡飄逸著蘆薈的芬香，當我踏進這房時應該已經開始放鬆心情了才對，但因為一個人獨享這麼奢侈的空間，讓我整個大感興奮。

這次我選了 3 小時療程「Urban Interlude」。換上浴衣後，首先在蘆薈蒸氣室裡悠閒地享受。之後，我坐在寬敞的沙發上，享受水面上花瓣的泡腳缸以及腳部按摩。

再之後則移動到床上開始享受熱石按摩。使用滑溜溜的圓石來按摩全身（石頭則是用類似熱板專用機器進行加溫）。從背到手腳底用石頭仔細地推開後，最後將溫暖的石頭放在手跟腳上。石頭的溫度漸漸地擴散開來，真令人舒服！ 身體僵硬的地方會嘎吱嘎吱的發出聲響，雖然稍微覺得有點痛，但可以實際的感受到僵硬的地方逐漸被推開。

接下來是臉部保養。使用香精油仔細地卸妝以及按

卸妝油後
按摩全臉
之後敷酪梨面膜
最後保濕

咦?!

（因為是採訪）
請為我拍照

除了鼻孔、嘴巴，
其他都是綠色哎

4 Facial Refresher

摩，之後敷上面膜。面膜有酪梨、荸薺和蕃茄這三個種類，我選了酪梨。為了收集資料，請芳香師幫正在敷面膜的我拍張照，結果她有點被這個要求嚇到。（但沒想到自己的臉竟是綠色！）取下面膜後，拍拍化妝水就結束臉部保養。

最後泡在鋪上花瓣的浴缸裡放輕鬆。我邊泡在浴缸裡，邊享用沐蘭 SPA 準備的沙拉以及豆腐湯等輕食。直到最後一刻都很奢侈。只是在這麼棒的空間中，我所剩下的時間不多，實在是很可惜。害我整個身陷其中了。

就這樣的經過了奢侈的 3 小時。之後我一定要再次造訪。這次與友人在不同房間按摩，但因為也有雙人房，所以情侶一起造訪也是挺滿浪漫的。

5 Herbal Bath

沙拉

湯品

甜薑茶

豆腐佐
番茄與
花椰菜

對方準備了
輕食當做點心
因為時間是固定的，
所以我裸著身子
狼吞虎嚥
優雅的時光稍縱即逝?

台北市中山北路二段 41 號（晶華酒店）20 樓
http://www.regenttaipei.com/#/spa/about

# 沐綠身活 Relaxing Trip

「FUJINTREE 富錦樹」集團經營的，乾淨而且又有質感的按摩店。住在台北的日本友人以及 FUJINTREE 的 PR 極力推薦，所以前去嘗試一下。我選擇了 60 分鐘的腳底按摩，會說日語的按摩師在按摩之前會先詢問你有無按摩的經驗，以及喜歡的按摩力道等，然後再依照你的喜好來按摩。在按摩的時候，也會告訴你疼痛的部位是哪一個穴道，而我雙腳（走太多路）、肩膀（揹太重的行李）、胃（吃過量），以及睡眠不足等不適都是旅行帶來的副作用。明確感到有效的是腳部，按摩好之後，走路變得相當輕盈，真是不可思議。在忙碌當中，撥出一個小時的時間放鬆。按摩店附近有吉印咖啡廳，可以品嘗到美味咖啡、冰棒以及天然食材，不妨也繞到這裡逛逛吧！

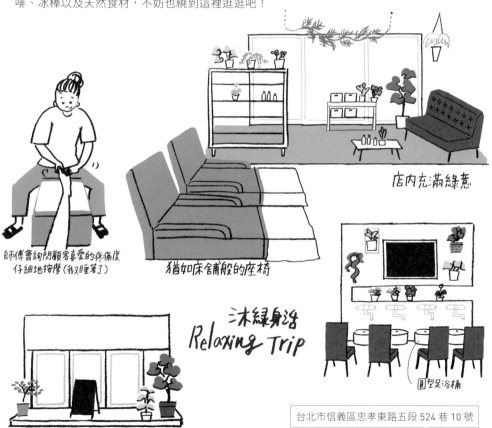

店內充滿綠意

師傅會詢問顧客喜愛的疼痛度
仔細地按摩（我又睡著了）

猶如床舖般的座椅

沐綠身活
Relaxing Trip

圓型足浴桶

台北市信義區忠孝東路五段 524 巷 10 號

# Originn Space

這是位於迪化街入口處的小型旅店，一樓是除了旅客以外，當地人也會使用的休憩空間。檜木製的大桌，其實是由大樑加上腳架所完成的。空間概念是希望未曾見面的人們可以有聊天的地方。2、3 樓則是提供住宿的地方。

這棟建築是被列為具有歷史性的古蹟。需要政府的許可才可裝潢內部。因為重視建築獨特的氛圍外，也重視人情味的溫暖空間，因此花了 6 個月的時間裝潢翻修。結果與古董家具融為一體，成為了一個舒適的場所。

房客每天早上都可以享用美味的咖啡

**bi. du. hæv**
美麗的咖啡濾杯

南京西路239巷　迪化街　南京西路

OrigiINN

店貓
巧巧

古老的黑膠唱片機
亦售有公平貿易的籃子

3F
Room with Music
音樂的房間

沒有電視
只有黑膠唱片機

Hans Wegner's sofa bed

2F
Room with
Melodius Rhythm
旋律的房間

浴室在穿過走廊的陽台邊

寬敞的浴室
看見浴缸好開心

台北市大同區南京西路 247 號
https://www.facebook.com/OrigInnSpace

# Harvey Huang & Willie chao

出生於台北的 Harvey 跟 Willie，和另外 2 位友人於 2015 年 1 月在迪化街的入口處合開了一間名為 OrigInn Space 的小旅館。Harvey 跟 Willie 是學生時代打工認識的朋友，聽說他們有段時間彼此都沒什麼連絡，但是之後再度碰面時彼此都因為旅館的話題一拍即合。

這棟建築物真的很美！Harvey 說這裡是他偶然開車經過時一見鍾情的地方。但是，大稻埕地區的屋主傾向將房子租給當地人，所以經過多次積極的拜訪並承諾會好好管理使用這幢房子，才終於取得屋主的同意。

Harvey 現在一邊從事食品大廠的工作，一邊協助台灣設計品牌 bi.du.haev 的海外授權事務。( 到底這個活力是從哪來的？)

OrigInn 開業前，Willie 是在台灣一間外銷牛仔褲的公司擔任國外業務代表，終日忙於業務。雖然當時經常出差非洲或紐約，過著忙碌但安穩的日子，但聽說自從爆發金融危機後就整個覺得疲累，也開始對自己的工作感到厭煩，於是就辭掉工作到世界各地去旅行了。

在韓國入住青年旅舍，卻突然由旅客變成暫時管理旅舍的人，加上透過與其他旅行者的談話及經營旅社而感覺很快樂，於是回國後自己就也決定要經營青年旅舍了。

Harvey Huang

Willie Chao

● 請問你的名字是？
　Harvey Huang
　Wille Chao

● 對你來說台北是個什麼樣的地方？
　H：很有包容力的地方
　W：故鄉

● 請用一到兩個單字來形容台北
　H：安心
　W：又愛又恨

● 最喜歡的在地美食
　H ：石牌市場的手工餛飩
　W：老王記牛肉麵、 72 牛肉麵

● 需要靈感時（畫廊、書店、博物館等等）
　H：有許多人可以觀察的台北街頭，或是
　中山站附近的咖啡館。
　W：去咖啡店，在大木桌上寫日記，或是
　一邊喝酒一邊看書。

● 你會建議日本人在台北做些什麼呢？
　H：我是個念舊的人，台灣留有許多日本時
　代的歷史，我會帶著朋友去看看，感受這些
　事物
　W：早上騎腳踏車、泡溫泉、逛圖書館或
　書店、夜店或是去海邊看星星。

● 除了台北外，你最喜歡的台灣的哪個城市？
　H：台南，因為它是台灣發展的起源，台灣
　最有歷史的地方
　W：台南和台東

# Amba Taipei

這是一間於 2014 年 4 月開幕的時尚設計旅店 Amba Taipei( 台北精品酒店 )。Amba Taipei 是國賓飯店的姊妹店，一間以環保，科技，藝術為主題的飯店。當然不僅是房間，飯店內到處都有展示藝術作品。房間則是簡單摩登的裝潢。大窗戶可照進大量的陽光，令人覺得舒適。馬克杯則是琺瑯製作，室內拖鞋則用夾腳拖代替，這些小地方都會讓人感覺細心。

BATHROOM

入口牆壁上方
以古老窗
框裝飾

走廊的標示，
感覺很窩心

感覺很調皮的標示

# Medium Room

Bluetooth Speaker

USB

百葉窗可以遙控升降

琺瑯製漱口杯

原創馬克杯也很可愛
茶與咖啡

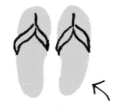

以海灘鞋代替拖鞋

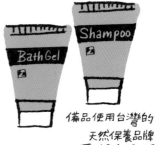

備品使用台灣的
天然保養品牌
TWOACRES

一樓是餐廳 ACHOI。中午是明亮又自然的空間，但晚上則是別有氣氛。地下室有隱藏式
BAR Mud，也有 DJ 小空間，可享受音樂及喝酒，非常適合女性朋友的小聚會。另外，
Amba 西門店還有 Live House 的演奏可以欣賞。

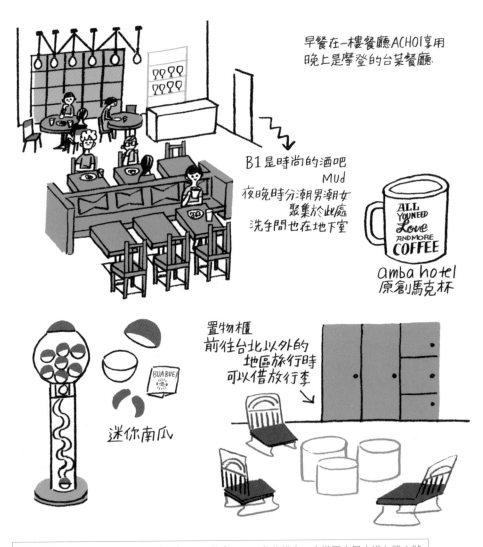

早餐在一樓餐廳ACHOI享用
晚上是摩登的台菜餐廳

B1是時尚的酒吧
Mud
夜晚時分潮男潮女
聚集於此處
洗手間也在地下室

ALL YOU NEED Love AND MORE COFFEE

amba hotel
原創馬克杯

迷你南瓜

置物櫃
前往台北以外的
地區旅行時
可以借放行李

amba 台北中山：中山區中山北路二段 57-1 號｜amba 台北松山：南港區市民大道七段 8 號
amba 台北西門町：万華區武昌街二段 77 號

# Star Hostel

Star Hostel 乾淨且充滿綠意，整個空間住起來相當舒適的青年旅社。搭乘電梯上了 4 樓，精緻漂亮的空間就在眼前，非常期待能住在這裡。在玄關換上拖鞋後往裡面走，可以看到寬敞且光線足，通風良好的公共使用空間。因為本來是一家夜總會，所以直接利用高天花板這個特色，在裡面種植了許多綠色植物，就像是一座溫室。住青年旅社的魅力就是能跟其他客人交流，大家可以在公共空間分享自己的旅行經驗，因此才會將此處的空間設計得特別寬敞。整天都能在此與其他客人愉快的交流。

Cafe Space

Reception

ELEV.

COMMON SPACE

客室へ

還有郵筒

Sta☆P Hostel

早餐菜色每天更換
這天是蛋餅與水果

走出電梯
就看見
寬敞的大廳
可以在這裡寫信

Entrance

鞋子脫下後要放進鞋櫃
換穿拖鞋

房間除了有 6 人房外，還有附帶了個人浴室的 Friend
Bunk Room 的 4 人房，可以跟朋友一起入住，其他還有
雙人房、單人房、三人房，可選擇的房型相當豐富。每一
間房間都使用了許多木頭來裝潢，讓空間變得更有溫度。

在飯廳，每天可以品嘗到不一樣且具有台灣風味的早餐。
讓人更開心的是，在公共空間附有小型廚房，對想自己煮
東西吃的旅客也十分方便。

共用冰箱
放進去時記
得寫上自己的
各字
↓

共用廚房
用品-應俱全
↓

好寬敞！

夜晚時分
變身酒吧

## Standard Dorm

八人房

← 有個別的置物櫃
共同洗手間與淋浴間

## Friend Bunk Bed

四人房

BATH
ROOM

BUNK
BED

TV

BUNK
BED

我們兩人入住四人房

Bathroom

冰箱

↓這裡也是雙層床

## Common Space
真的很寬敞!

真的很寬敞!
挑高兩層樓
聽說原本是舞廳,
天花板才會這麼高

這裡有間小屋

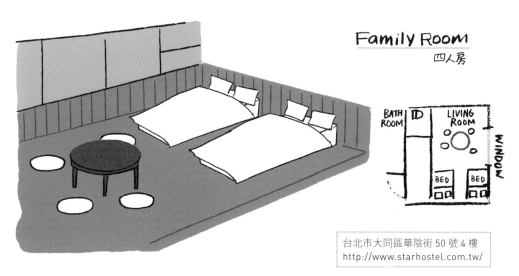

## Family Room
四人房

台北市大同區華陰街 50 號 4 樓
http://www.starhostel.com.tw/

# Play Design Hotel

## 玩味旅舍

玩味
旅舍

Play Design Hotel 是翻修大樓一樓的小型玩味旅店。老闆
Daniel 及 Grace 是一對情侶。他們活用長年在媒體與設計
業界的工作經驗，因而突發奇想將設計與旅店做商業結合。

入口
當地人居住的公寓五樓
有些難找要留意

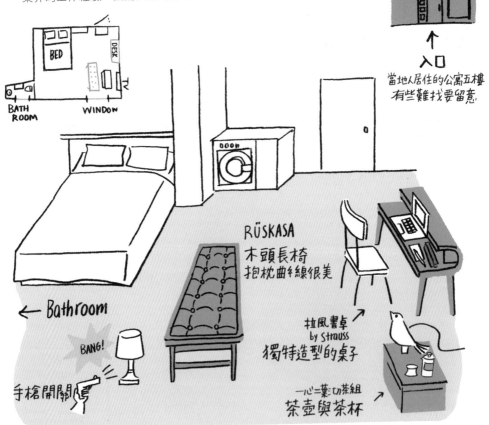

BED
DESK
TV
BATH ROOM
WINDOW

RÜSKASA
木頭長椅
抱枕曲線很美

← Bathroom

BANG!

拉風書卓
by Strauss
獨特造型的桌子

手槍開關燈

一心二葉切茶組
茶壺與茶杯

## Guest Selection Room
### 事前自己選擇家具

可依自己喜好的客製房間。預約前可到網站上選擇自己
喜好的家具及產品。住進去之前就覺得很開心！

此外，5 間房間各有不同的主題，每間房間也都只放台灣製造的產品。每個房間也有 WIFI，登錄後可從主頁中可閱覽房間裡擺飾的產品資訊及作者。實際使用產品後，若喜歡還可購買。也可以留言使用後的感想及評價，感想會傳達給作者。

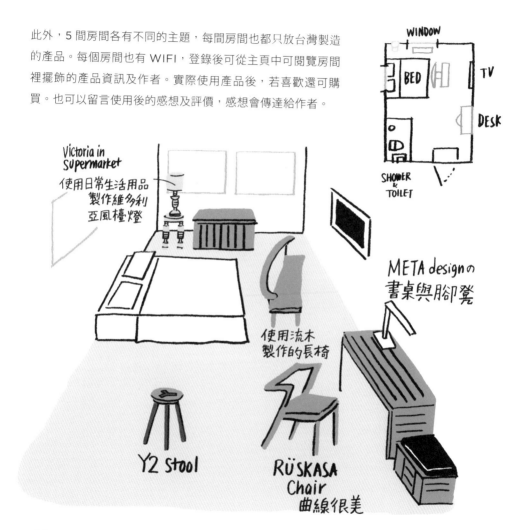

Victoria in Supermarket
使用日常生活用品製作維多利亞風檯燈

META design の書桌與腳凳

使用流木製作的長椅

Y2 stool

RÜSKASA Chair 曲線很美

WINDOW

BED

TV

DESK

SHOWER & TOILET

## MIT 3.0 Room

這個房間的產品是一位台灣設計師與傳統技術的師傅一起合作的東西。都是技術一流的產品。

台北市大同區太原路 156-2 號 5 樓
http://www.playdesignhotel.com

interview

## Play Design Hotel 合夥人

# Daniel & Grace

從事於設計和媒體界的 Daniel 及 Grace，在英國留學時曾想說是不是能將設計活用在其他領域，然而最後想到的就是商務旅館。據說他們認為台灣大都是資金高且欠缺玩味性的飯店，所以想發揮所學，開設一間不是純粹為了睡覺而已的房間，而是彷彿住在藝廊或實驗室裡面那種具有獨特風格的旅館。

2013 年時他們遇見了符合設計概念的建築物，然後保留屋齡 40 年的老舊構造並花時間翻修成他們的理想空間後，於 2014 年 9 月正式開幕。我能想像他們在房間內用 3D 室內模型，經過反覆測試、摸索到完成整個空間設置的過程。

Daneil 學過建築、工業設計和互動設計等不同領域的東西，也一直抱持著要把設計融入不同領域的概念，所以「玩味旅舍」(Play Design Hotel) 正是驗證了這樣的理念。而 Grace 則是活躍於《Vogue》《ELLE》《GQ》等時尚雜誌的編輯，也有 CTV 記者的經驗。他們既是不同領域的專家，也是默契很好的 2 人組呢！

而且在這裡還能實際觸摸並使用類似在雜誌、商店及畫廊才看的到設計單品，是一件令人開心的事情。我也藉由「玩味旅舍」了解台灣的產品設計，真的很精彩。

Grace Du

Daniel Chen

● 請用一到兩個單字來形容台北
　「盲」碌

● 請和我分享你喜歡的地方
　赤峰街、大稻埕、大稻埕碼頭河岸腳踏車道。

● 你最喜歡的台北在地美食是？
　阿財虱目魚、金春發牛肉麵。

● 除了台北外，你最喜歡的台灣的哪個城市？
　雲林縣的斗六市。是一個生活機能足夠、步調緩慢、日出而作
　日落而息的舒服小鎮。

● 你會建議日本人在台北做些什麼呢？
　台北過去曾經深受日本文化影響，尤其是建築和設計，有些也
　帶有日本的風格。不過，台灣新一代建築師與設計師許多人至
　歐洲與美國各地深造，因此也將更多元的風格帶回台灣。建議
　日本人來台灣可以看看台灣的建築與設計，一方面可以尋找熟
　悉的日本感，一方面也可體驗台灣融合各國所發展的特殊多樣
　化風格。

　另外，台灣在飲食上除了也擁有各國飲食口味之外，也發展出
　特殊的夜市小吃與熱炒，是來台北不可錯過的在地體驗。

NOTE

04

# 美味發現

小吃｜創作料理｜鍋物

# 無名豆花

每次來台灣必吃的其中一道食物就是，豆花。在網頁輸入好吃豆花進行搜尋後，找到的就是這裡。雖然是一間連名字都沒有的路邊攤，但來客卻絡繹不絕。軟綿綿的豆花搭配順口的糖漿，我點了全部的配料，實在是太滿足了！

配料有三種
粉圓花生綠豆

外帶的豆花以
塑膠袋裝

我選了綜合口味

格子上衣
配格子褲

吃完後要將餐具
放進水槽裡

有很多中年顧客，
迅速吃完就離開

台北市民生西路 178 巷口

# 江記東門豆花

東門市場內的豆花專賣店。只販售豆漿和豆花，冷熱皆可選擇。甜而不膩的糖水，
以軟爛的花生作為點綴。豆花可品嘗到濃郁香醇的黃豆香，而且非常滑嫩。好吃！
好好吃！邊自言自語邊大口品嘗。

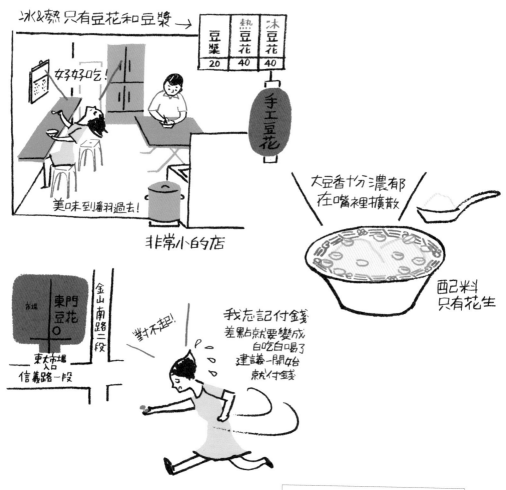

台北市中正區金山南路一段 142 巷 5 號

# 阜杭豆漿

這是一間每一本導覽書都會介紹的早餐名店。它位於善導寺捷運站的華山市場的 2 樓，不管何時來，這家店總是排著長長的隊伍，甚至還排到了市場外面。意外的，前進速度還蠻快的！吃過這裡的鹹豆漿後我就明白為何要排隊了。甜豆漿及口味鹹鹹的鹹豆漿都很美味，店內看到的現做現烤的燒餅也好吃！（我喜歡什麼都不夾的燒餅！）

阜杭豆漿

用紙條或手機點餐更快速

大排長龍不過前進的速度很快

蛋餅

燒餅的缸紅爐

隔著玻璃可以看見廚房

燒餅

甜豆漿

我想請對方用杯子裝但無法順利表達

鹹豆漿

台北市忠孝東路一段 108 號 2 樓之 28

# 藍家割包

這間位於捷運公館站附近，常常造成排隊熱潮的人氣割包店是幾年前，台灣友人初次帶我來的。Q 韌的饅頭裡夾著入口即化的滷肉及搭配香菜、花生、酸菜的割包是一道令人無法忘懷的味道。請搭配對面的黑糖珍珠奶茶一起享用！

台北市羅斯福路 3 段 316 巷 8 弄 3 號

# 3 COWS / 三隻牛

這是一間在台北才吃的到義大利佛羅倫斯名物－牛肚包的專賣店。所謂 lampredotto 是一道燉煮牛內臟的料理。這味道是老闆在義大利讀家飾設計時遇見的，因為老闆想讓台北也吃的到而開設了這間專賣店。帥氣簡約的家飾全部都是出自於老闆之手。我點了羅勒醬及辣椒醬兩種口味的雙拼包，並配上台灣好喝的精釀啤酒。

麵包：外皮香脆，裡頭濕潤鬆軟！

醬汁顏色很鮮豔

牛肚與牛肉的綜合三明治

老闆原本是室內設計師

搭配台灣醇釀啤酒

點餐後直接製作

台北市大安區大安路一段 31 巷 5 號 1 樓
http://www.facebook.com/3cowtaipei

內部是由業主設計

# 林合發油飯店

位於迪化街永樂市場專賣油飯和粿的老店。油飯是先將糯米炒過再蒸的料理，吃起來跟日本蒸飯有一點不太一樣。一盒的份量還蠻多的，所以也可以只買一半。然後，還可以另外加點滷蛋及雞腿肉。最後還我帶了一份回日本當伴手禮。

二·三樓都是布商

餅乾夾著麥芽糖

動作熟練

原來是這樣製作的！

還有賣潤餅皮

可口好吃 麥芽餅 衛生第一

名古屋 日式點心

市場裡有賣菜，賣魚，賣肉，賣麵各式各樣的店家，十分熱鬧

滷蛋

半碗以塑膠袋盛裝

市場外也有許多攤販

香菇　雞肉

還有類似便當的組合

永樂市場

我買了芋頭饅頭，黑糖饅頭送人

台北市大同區迪化街一段 21 號

# 吳碗粿之家

因為我想挑戰台灣在地的美食，於是當地人就推薦我這間
台南有名的碗粿店。透過漢字及手勢，總算勉強的讓人很
好的歐吉桑老闆了解之後，點了虱目魚丸湯及碗粿。因為
味道清淡好吃，讓人一早就充滿幸福感。

虱目魚丸

自助服務

碗粿之家

虱目魚
台南最
有名的魚

底部有醬汁
和肉塊，
攪拌後再吃

感覺就像以再來
米的粉漿與餡料一
起製作的茶碗蒸

台北市長安西路 177 巷 1 號

# 明月湯包

幾年前，我到時已經超過營業時間 5 分鐘而只好含淚回家的明月湯包，這次總算是吃到了。才剛在東京接受廚師友人的指導以及體驗過小籠包包法的我，不自覺的觀察起店內師傅的手指動作。外皮吃起來感覺比一般店家稍厚，但內餡的湯汁飽滿，感覺不管吃幾個都沒問題。這次初次嘗鮮的小米粥，是由小米熬煮而成的清粥料理，也是小籠包店必有的餐點。（據說依照個人喜好加入砂糖再食用，可是我沒有加糖。）

好多湯汁

明月湯包

小米粥　砂糖

盯著看……

彩椒皮蛋
皮蛋與花椰菜

明月湯包

櫻花蝦蒸高麗菜

本店：台北市基隆路二段 162-4 號
分店：台北市通化街 171 巷 40 號 1 樓

# 盛園絲瓜小籠湯包

這裡是這次訪問的 Taku 他所推薦的店。價格不僅合理，
還能享受熱騰騰的小籠包。這裡的招牌菜是絲瓜小籠包。
雖然這是我第一次品嘗，但感覺很好吃！當然一般的小籠
包也是很好吃。而且這裡的麻辣鴨血臭豆腐也沒臭味，香
氣四溢。入口處有一整片玻璃隔開的廚房，可以看見師傅
在製作小籠包的情景。

可以看見廚房裡的
製作小情景

盛園　絲瓜小籠湯包

紹興酒很烈

沒有臭味
十分容易入口

紹興醉雞

盛園

滿滿的絲瓜

麻辣鴨血臭豆腐

酸梅湯
酸酸甜甜的
梅子果汁♡

台灣啤酒
TAIWAN
BEER

一定要點
啤酒

最有名的是
絲瓜小籠湯包

台北市杭州南路 2 段 25 巷 1 號 1 樓
http://shengyuan.com.tw

# 小春滷味

這是一間百年的滷味老店。在這裡可以吃到鴨舌、雞爪、內臟等各部位的下酒菜。雖然店內感覺有一點詭異，但每樣滷味都很好吃。可以選自己喜歡的滷味放在托盤上。

將喜愛的小菜放在
托盤上再結帳

招牌上放著
奶奶的照片→

豪邁地切剁著腳印

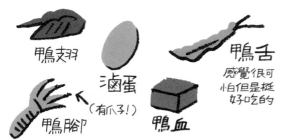

鴨支翅

滷蛋
（有爪子！）

鴨腳印

鴨血

鴨舌
感覺很可
怕但是挺
好吃的

台北市南京西路 149 號
http://www.scy101.com.tw/

# 真好味烤鴨莊

這是一間位於大稻埕自行車道入口轉角處的烤鴨店。這應該算是台灣版的北京烤鴨吧！因為每位下班回家的當地人都會買回去，所以我也試著品嘗用潤餅皮包這個比京烤鴨更厚又多汁的鴨肉一起吃，真的很美味！

真好味烤鴨莊 每隻480元

點餐後才會切片

使用知名的鴨子的圖案（這樣不太好吧）

其他部位則用炒的

材料與可麗餅皮相同

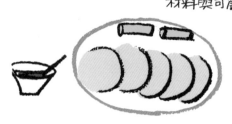

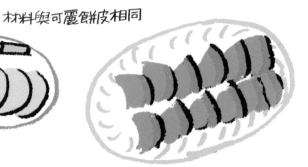

台北市民生西路 425-5 號

# 老阿伯魷魚羹

這一間位於永樂市場旁邊的在地麵攤，而且一早就
有不少的當地來客，非常的熱鬧。我點了炒地瓜葉
及魚丸魷魚羹，是一種加入魚丸的柔順口味。2016
年 2 月，老阿伯搬家了，搬到迪化街上，用餐環境
也更舒適了。

搬遷後變漂亮了

溫柔的叔叔

土地瓜葉

好喜歡

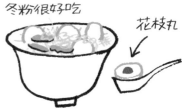

冬粉很好吃

花枝丸

魷魚魚丸麵

一直到2015年都是攤販，
當時的感覺也很好！

台北市大同區迪化街一段 226 號

# 阿川蚵仔麵線

台北市大同區民生西路 198 之 17 號

這是一間位於「玩味旅舍」附近的
在地人氣店。我是在早上散步回家
的途中進去的。勾芡的柴魚湯裡有
麵線、小顆的牡蠣及調味過的內
臟，有一種清淡、溫暖的味道。

小小的牡蠣　內臟類

阿川蚵仔麵線

綜合麵線

# 意麵王

台北市大同區歸綏街 204 號

這是一間位於迪化街內側的麵店及剉冰店。店內最
有名的是乾麵，其細麵與帶點甜又帶點辣的醬汁攪
拌後非常對味、好吃。份量也是小小的一碗，所以
感覺有一點餓時就會想來這裡吃麵。其他像是還有
餛飩湯及三層肉等，看起來每樣都想嘗試看看。飯
後別忘了來一碗美味的剉冰喔！

乾意麵
簡單又好吃

剉冰

# 戴記福建涼麵

台北市富錦街 427 號

這是一間在富錦街上的傳統麵店。據說涼麵最有名，但我
去的時候已經賣完了，所以只好改點芝麻乾麵。不僅份量
剛剛好，芝麻醬味道也很濃郁，真的很好吃。

麵的下方是芝麻醬汁

**麻醬麵**
芝麻香促進食欲

**涼麵**
我下次想吃這個

# 賣麵炎仔 金泉小吃店

台北市大同區安西街 106 號

每次經過這家店都總是排隊排的很長。某天早上很隨性的
騎著腳踏車去，隨即點了一碗熱騰騰的麵。那透明清澈的
湯喝起來不僅順口，還有搭配韭菜。來客大多都是當地的
老年人，感覺大家都是常客。還能觀察到台北早上的情景，
真是有趣！

米粉湯
聽說細細的
米粉很有名

聽說紅燒肉很有名，
但因為太早了，
所以還沒有煮好～

**麵湯**
只放了韭菜與豆芽，
十分簡單溫和的美味

三層肉

# 許仔白煮豬腳麵線

在大稻埕慈善宮周圍的許多小吃攤販當中，還蠻好奇的其中一間店就是「許仔白煮豬腳麵線」。用豬腳燉煮的清澈透明湯頭裡有肉塊跟菜頭。豬腳吃起來完全沒有豬的味道，而且口味清淡順口！橫向穿過面前的廚房後進到店內找了個位置坐了下來。在地風格滿分！

有很多攤販

似乎是上午11點開始營業

放上滿滿的薑絲

豬腳麵線還有很多豬骨

許仔豬腳麵線

攤販裡頭有座位

台北市大同區保安街 49 巷 17 號

# 龍門美景川味

這一間是我偶然在美食地下街發現的排隊人氣店。於是就也跟著大家一起排隊（一邊排隊一邊閱讀當地人的食記，確認推薦的餐點！）。很可惜人氣商品－餛飩已經賣完了，只好改點別的。感謝排在我前面一對親切的兄弟相助才能順利完成點餐。點完餐坐下來後繼續和兩兄弟聊天，意外的變成一頓蠻開心的食事！

好看的 T恤

很喜歡 SPITZ

協助點餐的兄妹

顧客排隊

龍門美景

紅油抄手辣餛飩

乾的擔擔麵

台北市大安區忠孝東路四段 97 號 B1

# Voodoo Doughnut

## 巫毒甜甜圈

來自波特蘭的無敵美味甜甜圈店。2015 年選擇台北做為海外首次展店的地點。
此處的甜甜圈以顏色豐富為特色，而最受到歡迎的是將「詛咒人偶」（Voodoo
Doll）做成可愛造型的甜甜圈。手繪表情相當的逗趣，不會讓人討厭。其他還有
巧妙的把楓糖及培根搭配在一起的 MAPLE BACON，以及台北限定的 TAIPEI
CREAM 等也十分受到歡迎。店內是以粉紅色為基調，裝潢不但時尚且令人目
眩神迷，呈現一個相當獨特的世界觀。

**VOODOO DOLL**
餅乾的設計
十分吸睛
令人無法討厭的臉

**TAIPEI CREAM**
內餡是卡士達奶油
因為台北101
才寫著101嗎？

**BACON MAPLE BAR**
放上培根的
楓糖甜甜圈

在黑暗中閃
爍的霓
虹燈

**THE LOOP**
搭配色彩
繽紛的穀片

彩繪玻璃

迷幻的室內

大粉色的箱子很可愛

台北市信義區忠孝東路四段 533 巷 28 號
https://www.facebook.com/VDTaiwan/

# 樂埔町 Leputing

這是一間翻修日治時代老房子的絕美店家,可以一邊眺望整齊乾淨的美麗庭院,一邊享受台灣與法國融合的料理。這裡的餐點是套餐組合,所以我選了沙拉、自家製豆腐、主菜、湯、土鍋飯、甜點。裝盤不僅漂亮,整體感覺也很平衡。沙拉裡面搭配一些少見且樣子可愛的野菜,然後自家製豆腐也裝飾得很漂亮。主菜可選擇魚料理或肉料理。這道菜也是一樣顏色鮮明、美麗。土鍋煮飯是使用台灣的池上米,據說那是以前為了獻給皇帝享用而栽種的米。米飯的口感也是煮的恰恰好。甜點是地瓜,吃起來甜甜的有黏性,很美味!店內也有販賣草木染的領巾等雜貨、有機蔬菜、米等物品。

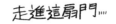

走進這扇門⋯⋯

就會看見美麗的建築

從窗戶可以看見庭院

還放了海藻

手工豆腐
漂浮在湯上

花草沙拉
賞心悅目

火考白肉魚
綠色的醬汁
很鮮豔

甜點是地瓜
黏稠濃郁,
和一般的
地瓜不一樣

以土鍋煮熟的池上米

台北市大安區杭州南路二段 67 號
http://www.leputing.com.tw

# GOOD FOOD LAB & AP farm

## 好福食研室

這裡就像是一間開放式廚房的秘密研究室餐廳。餐廳的陽台有「魚菜共生」（Aquaponics，是一種水槽內同時養魚及栽種植物的環保農法）的小農園。菜單大多是將台灣傳統料理調整成歐風的風格料理。這是一家食材新鮮、料理養身的餐廳。

電虹燈標示

裡頭也有座位

Good Food Lab

穿著丹寧圍裙的
可愛店員

蘋果醋泥香煎松阪豬沙拉
放了豬肉的蘋果沙拉
使用法式醬汁

下面養著魚

鄉間紅酒燉牛雜燴
鄉村口味的燉牛肉

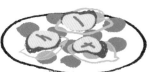

香料燻油漬牡蠣
迷迭香燻牡蠣

海港煙燻卵鑲中卷
花枝裡放了許多蝦蛋

庭院菜園

我和留學時代的
台灣朋友一起去

台北市士林區文林路 126 號 3 樓
https://www.facebook.com/goodfoodlab/

# 香色

這裡是許多住在台北的人推薦給我的店。店內的空間讓我感覺像在南法友人家裡一樣非常的舒適。好浪漫呀！每道料理都讓人著迷，而且也很美味。這裡非常適合約會、或是跟女性友人等想要悠閒用餐的時候。氣氛也好到會讓人忍不住久待。

店內每個角落都很美

菜盤

食曼豆頁三明治
夾著青醬雞肉

庭院裡的座位也很舒服
晚上會點蠟燭,氣氛很好

在這
裡結帳

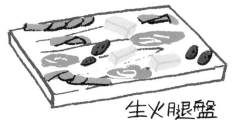

生火腿盤

檸檬葉與香蘭葉
製作的雞湯

放山雞的
炸雞很好吃

台北市中正區湖口街 1-2 號 1 樓
https://www.facebook.com/xiangse

「香色」負責人

## Zoe

原本是一名造型設計師，後來決定再挑戰自己深愛的食物，因此前往日本料理甜點專門學校留學近 3 年，帶回了日本獨有的細緻教養精神和骨子裏喜愛的歐洲優雅自在，懷著這初衷，於 2015 年 2 月開了這間名為「香色」的餐廳，一個深入探索關於食物與生活美學的體驗空間。

一打開香色的古老門扇，走進店內，就置身於老東西環繞四周的美好空間。Zoe 從以前就很喜歡歐洲的懷舊風格以及樸質的美，因此與合夥人古道具 delicate 的 Jin 一起將畫面的美好落實在香色的每一角落，在我這次採訪的人當中，許多人都推薦了香色，餐廳的氛圍與老闆的氣質十分相襯，我覺得好棒。

● 你在台北居住了多久時間？
  20 年

● 對你來說台北是個什麼樣的地方？
  這是一個有人情味的城市

● 請用一到兩個單字來形容台北
  便利、好地方、熟悉的城市

● 當你需要靈感時，通常你會去台北的什麼地方、做什麼事？
  在香色、古道具 delicate、Boven、誠品書店找品味、探
  索、閱讀、尋覓店

● 當你心情不好的時候會去台北的什麼地方放鬆、轉換心情？
  海邊、陽明山、秘密小酒吧

● 你會建議外國人在台北做些什麼呢？
  逛夜市吃小吃、認識台北特別的餐廳和選物店

● 假日的時候你通常都做些什麼呢？
  看電影、朋友小聚、看展覽

● 除了台北外，你最喜歡的台灣的哪個城市？
  台東、花蓮和台南

Zoe

# Ivy's kitchen

這是一間台灣人 Ivy 老師在自家開設的
料理教室。他們讓我觀摩了駐台的日本
太太們上課的情形。

*Ivy's Kitchen*

IVY老師

【今日菜單】

**駐台人員的太太們**

● 蒜泥白肉
把原本是四川料理的蒜泥白菜改良適合台灣人口味的台
灣風。
有切片的小黃瓜提味，味道更顯清爽。

● 紅蟳米糕
紅蟳米糕是一道祝賀用，然後將整隻螃蟹鋪在
糯米上的米糕料理，炒過的料還要再蒸過。

● 擔仔麵
擔仔麵是我多次在台南嘗過的記憶中的味道。
老師是用蝦子跟豬骨熬煮湯頭。

● 鳳梨酥
沒想到常見的鳳梨酥和我想像中的不同，居然是用手搓
圓後再放入模具內！
老師教的鳳梨內餡是用蘋果的果膠代替吉利丁。

傳統花布圍裙

## 擔仔麵

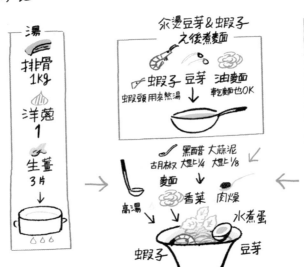

### 湯
排骨 1kg
洋蔥 1
生薑 3片

### 汆燙豆芽 & 蝦子 之後煮麵
蝦子　豆芽　油麵
蝦頭用來熬湯　乾麵也OK

### 肉燥
絞肉 300g　大蒜 2片(切末)　蔥1根(切末)

蔥爆香後炒絞肉

醬油 1/2杯　米酒醋 大匙上2　砂糖 大匙上2　八角 1片
肉桂棒 1/2　水煮蛋 4個

放入調味料，
水煮蛋與香料熬煮1小時

黑醋 大匙上1/4　大蒜泥 大匙上1/8
古月椒

麵
高湯　香菜　肉燥
水煮蛋
蝦子　豆芽

# 紅蟳米糕

這天使用的三點蟹感覺好像有三個眼睛有一點可怕！

三點蟹
2杯

以牙刷刷洗

蒸熟

糯米
2杯

以1又1/2杯的水浸泡1小時

胡蘿蔔 1/2根切細　竹筍 縱切成1/4　豬肉 切細

乾香菇 2片　蝦乾 1大匙　蝦米 以水浸泡後切細

醬油 大匙2　砂糖 大匙2　塩 大匙1/4

麻油 4大匙

翻炒全部的材料加入蒸好的糯米繼續翻炒

蒸10分鐘之後放上紅蟳再蒸15分鐘

# 蒜泥白肉

豬五花肉
450g

蔥1根

汆燙
沸騰後以中火煮5分鐘
熄火後靜置20分鐘

厚約5mm

小黃瓜切薄片

以小黃瓜捲肉後淋上醬汁

### 醬汁

大蒜 5片　水 大匙1　辣油 大匙1/4

麻油 大匙1　醬油膏 大匙4

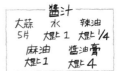 

後淋上醬汁

# 鳳梨酥

鳳梨餡

鳳梨 700g
切細後煮泥

蘋果泥 300g

黑糖 1杯
or 麥芽糖

檸檬汁 大匙1-3

● 全部材料放入鍋中，以小火熬煮待水分蒸發，量剩下一半熄火。冷卻

● 切細長狀後冷凍

  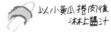

無鹽奶油 160g　砂糖 50g　蛋 1顆

麥麵粉 260g　杏仁粉 70g

常溫奶油攪拌至變成白色
砂糖 蛋加入
麵粉 杏仁粉分3次加入
冷藏15分鐘後分成20個
鳳梨餡 也分成20個

麵糰揉成圓球狀
將揉成圓球狀
白色餡料放入麵糰
正中央
以麵糰包覆

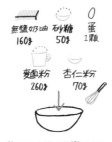

放進模型中壓平

放入烤箱，
以170度烤10分鐘，
之後著羽面
再烤8分

 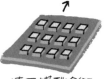

連同模型冷卻

# 和IVY老師一起逛市場

這是我和主辦 Ivy's Kitchen 的 IVY 老師一起的菜市場巡禮。因為常去的菜市場整修中，所以就改去德行東路的市場了。我發現和老師一起逛的好處就是可以從挑選台灣蔬果去了解歷史、烹煮方法、以及與攤販老闆的交涉方式等等，實在比自己一個人去逛時有趣太多了！

專賣各種菜刀剪刀
現場
每週期二
8:00-12:00

同行的還有
法國出生的
台灣人

IVY老師

中秋節大家都會吃文旦

賣海參
媽媽

髮型很廂告 →

火龍果

空心菜　　A菜　　芹菜　　青江菜

笑白筍

原本我以為
它是竹筍的親戚
結果它果禾
本科植物！
真是意外

→ 帶泥蓮藕

Wax Apple

green
GUAVA

據說沉黑又而沒有商家氣息的
攤位通常是農家自產自銷

只有賣芹菜與空心菜的叔叔

茄子,青椒都
比日本的長！

菱実

形狀像是小小的
蝙蝠裡頭的
肉又白又鬆 🦇

皮皺,小顆的
比較好吃

芋頭
台中大甲是
知名產地

Ivy 老師的
喜歡的魚市場

粉紅色的
芭樂很香♥

叔又叔送了
我一個

真好吃一♥

## Ivy Chen

想說難得來台北這麼多次，所以想嘗試跟著
當地人學料理！最後找到的就是這個 Ivy's
kitchen。Ivy 老師在家教的學生從台灣人到
世界各地的旅行者、及駐台的人都有，所以學
生們都非常國際化，大家也都很享受這個透過
料理的國際交流。

學生們也可以提出想學的料理，於是我就提了
鳳梨酥。老師的解說淺顯易懂，而且在享受學
習的同時也能在短時間內學到許多的料理。按
照老師的指示去做就能簡單地完成料理，所以
也會感覺自己的做菜技術似乎變好了！而且老
師還會一併的告訴我們其料理的歷史。

除了料理教室外，也會計畫帶我們去逛自家附
近的菜市場。老師總會一副很興奮、開心的樣
子向我們解說，例如像是進口的蔬菜都會經過
台灣農家的努力進行品種改良，讓食物變得更
美味等事情。我可以從中深刻感覺到老師對自
己國家飲食文化的熱愛，就連日本人的我也感
到很開心。

Ivy Chen

● 你在台北從事的職業是？
我是烹飪老師。

● 你的出生地為？
台南

● 你在台北居住了多久時間？
39 年

● 是什麼原因讓你來到台北生活？
念大學

● 對你來說台北是個什麼樣的地方？
台北是個有文化、時尚、智慧、獨立和活躍的城市。

● 請用一到兩個單字來形容台北
有特色。

● 當你需要靈感時，通常你會去台北的什麼地方、做什麼事？
我會到傳統市場尋找靈感。

● 當你心情不好的時候會去台北的什麼地方放鬆、轉換心情？
到電影院看電影或是爬山。

● 你最喜歡的台北在地美食是？
刈包。

● 你會建議旅客在台北做些什麼呢？
拜訪古蹟或有歷史文化的地方，或是透過烹飪課來認識台灣的食物文化。

● 如果你有朋友從國外來，你會帶他去哪裡呢？
拜訪古蹟或有歷史文化的地方如龍山寺、大稻埕。

● 假日的時候你通常都做些什麼呢？
看書或是參加藝文活動

● 除了台北外，你最喜歡的台灣的哪個城市？
台南

# 詹記麻辣火鍋

這是一間充滿懷舊氛圍的趣味火鍋店,也是 Sliders 的 Paul 很推薦的店。特製的鴨血有似果凍般的口感很好吃。我還想再跟朋友們一起去。

飛魚卵福袋

凍豆腐

吸飽了滿滿的高湯

茼蒿

日式

和日本的茼蒿形狀不太一樣

清爽的透明高湯

裡頭有魚丸和白菜

麻辣湯

放了很多自製鴨血

口彈滑嫩,非常好吃!

花椰菜

花椰菜也可以放進火鍋裡呢! 我好驚訝

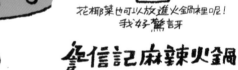
詹信記麻辣火鍋

店員

肉

復古室內

台北市中山區南京東路二段 178 號 B1

# 無老鍋

店員穿著類似<br>碳烤裡的制服<br>很帥<br>↙

我第一次吃無老鍋是在台中，那時夏天覺得很累沒什麼力氣，抵達台中後的晚上朋友邀約我去的。然後因為天氣很熱且肚子也沒特別的餓，所以完全沒有想吃火鍋的慾望。但是品嚐後，整個對其美味備感驚訝！大量加入辛香料的溫和湯頭完美的使疲勞感整個飛散。

當我知道其無老鍋在台北也吃的到時，就另找其他機會再次造訪。這次我選了膠原蛋白養顏美容鍋及無老辣香鍋兩種湯頭的招牌鴛鴦鍋。這是一種仰賴無老及養顏湯頭的修復青春大作戰。另外加點了綜合青菜盤（各種蔬菜的單品）、綜合丸子盤（盛裝各種丸子的單品）、筊白筍和羊肉。整個就都都跟期望中一樣好吃。

加湯部則是服務生會端像是用玻璃瓶裝的高湯過來。搭配舒適的內部裝潢，整個很時髦。服務生的制服看起來也挺可愛的。無老鍋是 iphone APP － EZTABLE（易訂網）配合的餐廳，所以從 APP 上預約也很方便。

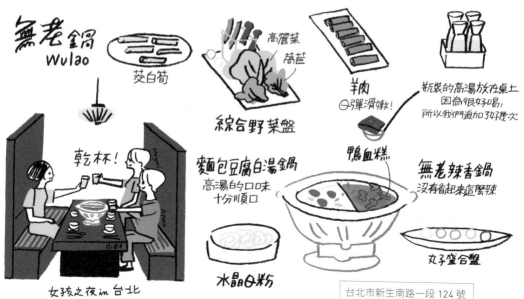

無老鍋<br>Wulao

筊白筍

綜合野菜盤

高麗菜<br>萵苣

羊肉<br>○彈滑嫩！

瓶裝的高湯放在桌上<br>因為很好喝，<br>所以我們追加了好幾次

乾杯！

麵包豆腐白湯鍋<br>高湯的口味<br>十分順口

鴨血糕

無老辣香鍋<br>沒有看起來這麼辣

丸子綜合盤

水晶Q粉

女孩之夜in 台北

台北市新生南路一段 124 號<br>http://www.wulao.com.tw

# 齊民市集

這裡是一間一人一鍋並能品嘗到有機蔬菜及當季新鮮直送的魚、新鮮肉品的有機火鍋店。菜單上附有照片，還能從湯頭、火鍋料、麵類、飯後甜點等各種類中自行挑選喜歡的菜色，而且一人份的小火鍋完全可以隨意的依個人的喜好放入食材。我選了藥膳湯底。雖然有中藥的苦味，但吃的時候能感覺到疲勞的消除！

店內正中央有設置一個開放式廚房，可以看見調理的情景。有時候還會舉辦丟骰子的活動，參加的人可以免費獲得火鍋料或啤酒。附設的市場也有在賣新鮮蔬菜及台灣的特產等物。我買了台灣料理用的香料包跟水果乾。友人送給我的伴手禮－鳳梨水果乾是我至今吃過的水果乾裡面最好吃的。

突然就開始玩骰子遊戲

配菜大家一起吃

中央是開放式廚房

謝謝招待!

啤酒是參加獎

季節菜單

有很多照片的菜單,十分容易理解

香菇　紅棗

枸杞

西菌菇牛蒡湯
牛蒡與香菇的藥膳湯

貝

烏賊

金針菇　高麗菜
番茄　玉米

每個人都
有一份菜盤

茼蒿

魚丸　豆皮

台灣香蕉與
冰淇淋

東門店：台北市信義路二段 158 號 2 樓
https://www.facebook.com/qiminmarket

# 感謝發現

從台北帶回的伴手禮｜實在太感謝了！

# おみやげ
## OMIYAGE
### *from*
# Taipei

— 從台北帶回的伴手禮 —

TOOLS to LIVEBY
原創文具

江記華隆
香脆杏仁豬肉紙

Tote Bags

原創水果玻璃杯

荔枝玫瑰麥麭包
吳寶春麥麭包店

你好我好の
再生紙筆記本

咖啡糖漿
Goodman coffee

阿里山咖啡

阿原YUAN
天然保養品牌商品
檸檬香皂

日日辣油
Fujin Tree
原創辣油

三發的饅頭

吳寶春麥方店
鳳梨酥

新台北市の
山東桃酥
鬆軟餅乾

台灣香料
NAKED MARKET

油蔥
100%
原安料

蔥油

黑豆豆豉
土生土長

248農學市集的
玫瑰荔枝醬

秋葵咖啡
無咖啡因
在花博公園農民市集

大樹鳳梨鮮果乾
在齊民市集

# 實在太感謝了！

感謝各位讀者的愛護，之前就想寫一本有關旅遊的書，沒想到這個夢想能夠在台灣實現。因為要將台北這傳統與創新並存的都市魅力，透過簡單的插畫及語言完整呈現並不簡單，因此內心感到相當的忐忑不安。但我還是非常高興，能夠透過我這個外國人將台北的魅力傳達給各位讀者。

製作本書時，台灣的友人給予相當多的協助，讓我能夠順利採訪到具有魅力的對象及場所，老實說還有許多我不了解的地方，相當值得我再次的採訪。

在台灣的這段期間，雖然政治方面紛紛擾擾，但我卻感受到台灣人民都非常熱愛自己的國家，並且努力地想讓國家變得更好。對來自國外的我也熱情地招待。今後我也會經常來台灣旅行，希望能更了解台灣以及台灣的人民。請各位多多指教！

非常謝謝讓這本原來可能難產的書順利出版的吳東龍先生，編輯李欣蓉小姐、陳佳聖小姐，以及負責所有美術設計排版的謝捲子先生。同時也很感謝 Pumpkin Creative 的各位。還有也非常感謝放心的讓我到各處旅行的家人，就因為有溫暖的歸處，才讓我能夠四處去旅行。

非常開心能將我的旅遊經歷告訴各位！

2016 年 9 月 Naho Ogawa

# BONUS 番外篇

在台北遇見的好朋友

# Yaeko Kondo

網站策劃

近藤小姐曾在日本擔任過女性雜誌編輯的工作，所以我們也有過好幾次的合作關係。可是卻始終沒有真正的碰過面，直到 3 年前來台北旅行時我們才終於有了初次見面的機緣。剛好那時候，她因為家庭的緣故而匆忙的移居台北。據說她搬來台北後就開始學習中文，但是每次見面都會覺得她的中文比上次更進步，直到現在已經非常的流利！

由於她現在從事的是網路行銷，所以聽說還蠻多會與台灣企業接觸的機會。因為她的個性親切開朗、朝氣滿滿、易親近而非常善於與人溝通交流，所以我想這對語言學習上也有極大的幫助吧！她的 3 歲小兒子也在當地的幼稚園上學，已經完全是一位能說中文及日文的雙語小孩了。

身為母親、身為職業婦女總是笑臉迎人的近藤小姐表示台北是她最能感覺到自在的一個地方。雖然我覺得身處在異國生活是一件很辛苦的事情，可是我在她身上完全看不出還只是一位在台資歷才 3 年卻能如此融入環境的人。

# Toshiyuki Kumagai

攝影師

在台灣深耕 20 年以上，人生大半都在台北生活的 KUMA（熊谷俊之）是位專業攝影師，有時候還會擔任翻譯人員。他對台灣的事情不僅無所不知，國、台語也非常流利，甚至連在地人都誤以為他是台灣人。

與 20 幾年前剛來台灣相比，現在的人們更有交通禮儀，回憶起當時隨意穿越大馬路是理所當然之事，現在若要這麼做反而被台灣友人制止（笑）。KUMA 覺得台北是一個既輕鬆又舒服的地方，如果可以的話，他想要一直住在這裡。

KUMA 除了攝影之外，登山也是他的生活重心。所以放假時，他都會到台灣各地爬山。由於台灣的緯度較低，隨著海拔的高度可以看見植物分佈的變化。他說那樣的風景轉換很有趣！目前的登山紀錄是 19 座，但他希望有朝一日能完成台灣百岳登頂的夢想。

KUMA 的臉書時常分享他拍的美麗山景照，像我這樣偏好室內活動的人欣賞這些照片，彷彿自己也一起登頂的感覺！

# Mei Ning Chiu

Envol Avec Ning 設計師

http://envolavecning.com

Ning 是一位服裝設計師，著手於自創品牌 Envol Avec Ning。用特殊材質與拼接所設計出來的獨特衣服設計非常適合 Ning 本人。

自創品牌 Envol Avec Ning 所指「與 Ning 一起飛吧！」的意思。據說她是以玩味、忠於自我，以敘述故事的方式來呈現服裝為概念，並從自己的日常中獲取靈感。

我從這 2 件截然不同的事情感到微妙，就像衣服製作會搭配特殊材質、還是搭配素面與圖樣。Ning 就像娃娃般的可愛女孩，但也是一副愛惡作劇、愛搞蛋的感覺。我想 Evnol Avec Ning 的感覺就如同她本人的翻版也說不定喔！

於舊金山藝術大學完成學業後，即在 ANNA SUI 旗下擔任助理。回國後，於 2010 年創立自創品牌 Envol Aven Ning。對於每季都會發表獨特世界觀讓我們欣賞的 Ning，我很期待她往後的發展。

# Yinling Hsu

http://www.yinlinghsu.com

從小就非常喜歡畫畫的 Yinling 表示畫畫是她人生的一部分。身為藝術家的生活雖然說不上很輕鬆，但只要是為了畫畫則什麼都願意。她說每天創作新事物的那種樂趣很難被其他東西取代，這是一件非常幸福的事情。

憂鬱的色調形成一種不安氛圍主題的作品上，幾乎看不見人物的表情。她的作品題材著重在人的行為與精神狀態。據說觀察人時，確實看的見社會中所存在的自己被反映在這個世界。

把生活中所相遇的人其行為舉止用片段的方式記憶，再以誇示的手法去呈現作品是她個人的風格。於是才會覺得似乎也存在於現實當中，可是又感覺好像哪裡有些許的詭異。正因為是發生在自己周遭的事情，人類真正的樣子才得以被隱藏，若能毫無偽裝的去正視它，是不是就能看清我們自己真正在追求的東西呢？原來在這不可思議的世界觀裡，還有隱含這樣的訊息呀！

因參與藝術家創作計劃參而於紐約及挪威等世界各地滯留的同時，一邊卯足全力的進行製作活動的 Yinling 今後也會把她在世界中所感受到的人事物，透過作品來呈現給大家也是一件令人值得期待的事情。

---

# Peiiru Hsieh

在台北從事時尚行銷的 Peiiru 是一位將台灣品牌引進日本市場、或協助日本品牌進駐台灣的專案統籌者。同時她也負責聯繫日本PRO1. 展等與流行時尚、藝術、家飾設計相關展示會，策劃行銷活動。

據說她從學生時期開始就對時尚及日本的漫步生活很有興趣，所以經常在圖書館渡過處處翻閱日本時尚雜誌的生活（從雜誌上發現我

的插畫，然後與我聯絡就是我們認識的機遇）。而且她從學生時
期開始就學的日文，非常流暢。雖然記憶中以前的台北是一個純
樸的地方，但感覺近幾年變得相當的國際化。而且聽說時尚業界
也有不少年輕設計師都是在國外留學並累積經驗後，再回國以自
己所見之世界觀開始製作服裝。但可惜的是至今能獲取發表作品
的機會依舊不多。

因此，Peiiru 表示她希望能協助這些台灣年輕設計師營造一個可
以讓他們製作出自己喜歡的衣服並連結市場的環境。她是一位會
站在設計師立場並協助我們的可靠人士。

---

# Pei Ling Guo

`goodeyecityguide.com`

一直以來很想跟風趣又有創意的人共事的 Peiling 在台大念完
經濟系後，就到英國留學並專攻創意產業經營學（Creative
Industries Management）。回國後，先後在台北市文化基金會
及創意相關的公司擔任產品經理、PR 等累積經驗後，2015 年成
立了自己的出版社。

她即將發行的第一本書就是以中文及英文 2 個語言撰寫的台北
導覽書籍。世界無論哪個迷人的街道裡都有英文撰寫的絕美設
計導覽書，可惜的是台北這裡卻還找不到。既然這樣的話，那
我就來和身邊周遭既有創意又很棒的朋友們一起著手製作吧！

導覽書內有介紹藝術、文化、設計、美食、音樂等 250 間以上
的店家及地方。而且收錄的一些經訪談各類型的專家後其所推
薦的當地旅遊勝地也是值得閱讀的內容之一。此書預計於 2017
年 1 月發行，好評準備中！

因為我的願望就是希望讓更多的人了解台北的好，所以總是提供
並大量分享我有關台北資訊的 Peiling 實在是一位可靠的友人。

# Hsiu-lu Lin / Lou

**Pumpkin Creative 創辦人**

Pumpkin Creative 是一間位於台北的藝術經紀授權管理公司，身為創作人，我從幾年前就一直深受她們的照顧。創始人 Lou 是一位集結幹練、美麗及高延展性的帥氣女性，就連身為同樣都是女性的我也非常的崇拜！她不僅是女性實業家，也是一個可愛兒子的媽媽，更是一位內柔外剛，具有西方思想東方觀念，融合傳統現代的新女性。

從 12 歲開始，她就一直不斷地在思考自己的定位，以及要如何創造自己的人生。她曾告訴我她喜愛是 Frida Kahlo，Simone Lucie Ernestine Marie 一些同時擁有堅毅與脆弱特質，但面對環境無所懼，願意保有自我真實的傑出女性。Lou 於美國留學後，在 2004 年創立了台灣第一家創意內容授權管理公司 Pumpkin Creative。

從初期朝目標努力了 12 年後，Lou 在公司成熟運作後交班出去。她現在最重視的是與兒子相處的時間，於公則是針對公司重大決策或會議進行參與，其它時間則開始接受一些顧問，計劃案的主持工作，或是演講教學。

同時開始投入各項的體能訓練，參加馬拉松，自行車，爬山，游泳等戶外活動，甚至還成為 2015 年的戈壁選手，並在 2016 年花了二十二天環繞喜瑪拉雅山環道，成功攀登 6200m 的島峰（island peak）。雖然我一直稱她 Lou，但其實她的本名是林秀璐。據說剛設立 Pumpkin 時，她擔心會經營不善所以才以陸承蔚自稱。然而公司已成功的步上軌道，現在也還是持續的使用這個名字。在這次的訪談中第一次聽到這些事情，真的很驚訝！

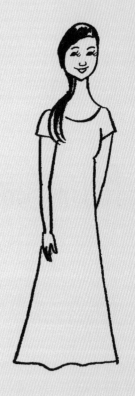

# River Kuo

藝術家／MISTYMINT 合夥人

RIVER KUO 是 MISTYMINT 的老闆之一，真正的工作是藝術家。國中時期受到學校老師的影響而開始學習繪畫，在大學也是專攻美術。畢業之後，從事與時尚有關的櫥窗設計以及裝飾藝術工作。在 2009 年，和同樣也對時尚感到興趣的兩位朋友一起創立了 MISTYMINT。

由於三位老闆喜歡的服裝風格不同，所以挑選的衣服也有所不同，因此陳列在店內的商品款式相當多樣化。客人大多是從事與時尚有關的工作，像是平面設計師或是就讀藝術相關科系的大學生。跟客人聊天能夠從中獲得創作上的靈感，因此希望能把商店變成一個無拘無束，屬於大人們遊樂的空間。

他主要是以人物肖像、可愛動物、植物等為主題。從日常生活中隨處可見的景色，到街頭擦身而過的人們等，將每天看到的瑣碎小事記在腦海中，在創作作品時可當作靈感參考。他總是隨身攜帶寫生本，將腦海突然浮現的靈感畫在本子裡。

即便是在創作大型作品，他也從不打草稿，這一點讓我覺得驚訝。每天十分鐘左右，盯著空白的繪畫本，然後就在某一天，就像看到電視螢幕般，突然會有影像浮現，然後再把它畫下來。他笑著說，自己只是愛偷懶而已，這麼棒的才能真是讓人羨慕。

# 大家好，我是Naho

## ── 來自日本插畫家的台北發現 ──

| | |
|---|---|
| 作　　者 | Naho Ogawa 小川奈穂 |
| 譯　　者 | 出色創意、賴庭筠、張秀慧 |
| 總 編 輯 | 陳郁馨 |
| 副總編輯 | 李欣蓉 |
| 美術設計 | 東喜設計 謝捲子 |
| 行銷企畫 | 童敏瑋 |
| 社　　長 | 郭重興 |

發行人兼出版總監　曾大福

| | |
|---|---|
| 出　　版 | 木馬文化事業股份有限公司 |
| 發　　行 | 遠足文化事業股份有限公司 |
| 地　　址 | 231 新北市新店區民權路 108-3 號 3 樓 |
| 電　　話 | (02)22181417 |
| 傳　　真 | (02)8667-1891 |
| E-mail | service@bookrep.com.tw |
| 郵撥帳號 | 19588272 木馬文化事業股份有限公司 |
| 客服專線 | 0800221029 |
| 法律顧問 | 華洋國際專利商標事務所 蘇文生律師 |
| 印　　刷 | 凱林彩印股份有限公司 |
| 初　　版 | 2016 年 10 月 |
| 定　　價 | 380 元 |

國家圖書館出版品預行編目 (CIP) 資料

大家好，我是 Naho：來自日本插畫家的台北發現 / 小川奈穗著；賴庭筠、
出色創意、張秀慧譯 . -- 初版 . -- 新北市；木馬文化出版；遠足文化發行，
2016.10

面；　公分

ISBN 978-986-359-303-4( 平裝 )

1. 遊記 2. 臺北市

733.9/101.69　　　　105017252